中公新書 2529

野村啓介著

ナポレオン四代

二人のフランス皇帝と悲運の後継者たち

中央公論新社刊

まえがき

日本ではほとんど知られていないが、フランスの歴史上、「ナポレオン」と名のつく人物は意外にも少なくない。そのなかで比較的よく知られるのは、皇帝になったナポレオン、つまりフランス革命をきっかけに一将校から皇帝にのぼりつめた大ナポレオン（ナポレオン一世）と、十九世紀中葉の二月革命後に帝位についたルイ＝ナポレオン（ナポレオン三世）である。彼らの評価は一八〇度異なり、一方はフランスの英雄であるのに対し、他方は邪悪な独裁者とのレッテルを貼《は》られがちである。

現在のパリには、ナポレオン一世時代の痕跡《こんせき》が数多く残っている。エトワール広場の凱旋《がいせん》門《もん》、ナポレオンの遺骸《いがい》が安置されているアンヴァリッド、ヴァンドーム広場の記念柱（上にナポレオン像がのっている）などは、知らぬ者がないほどの観光名所である。それに対して、パリでナポレオン三世の歴史を感じることのできる痕跡をみつけるのは難しい。現在の都市パリの基本的構造をつくりあげたのが、ナポレオン三世その人にほかならなかったにもかかわらず、である。

大ナポレオンについては膨大なインクが費やされ、関連書籍は枚挙にいとまがない。一〇年ほど前にナポレオンの歯がオークションにかけられたときには、日本でも大きなニュースになり、セント・ヘレナ島で余生を送るなか英語で書いた手紙が発見されると、晩年の彼が英語学習に勤《いそ》しんでいたことが珍しかったのか、メディアで話題にのぼったりもした。

他方、もうひとりのナポレオン三世についての関心は日本では絶望的なまでに低い。彼を国家元首として戴《いただ》く第二帝政は、ナポレオン一世の帝国にくらべ歴史書での評判がそもそも芳しくなかった。これには、一八七〇年の独仏戦争で屈辱的な敗戦により没落した、という負のイメージが強く影響している。もっとも、大ナポレオンにしても、末期にはワーテルローの敗戦により英領セント・ヘレナ島に流刑となるのは周知のとおりである。大ナポレオンの陰に隠れて日の目をみることのなかったナポレオン三世だが、日本との関係でいえば、幕末の開国期（一八五八年）に日本と国交樹立したのはまさに彼だった。

いずれにせよ、これら二人のナポレオンは、フランスのみならずヨーロッパの歴史にまちがいなく濃い足跡を残した。だが、ナポレオン二世、四世となると、フランス以外ではほとんど知られていないといってよいだろう。大ナポレオンの墓を目当てにやってくる観光客の、いったいどれくらいの人びとが、実は同じ建物にひっそりと設置されている彼の息子、つまりナポレオン二世の墓碑を気にとめることだろうか。ましてや、墓所がフランス国内にさえない三世の息子四世となればなおさらである。いずれも父親の没落に巻きこまれる形で、晩年に不遇のなか外国の地で亡くなった。それはある意味、二人の有名なナポレオンの裏面史であるともいえる。

フランス本国では、もちろんナポレオン研究が盛んにおこなわれている。時間の経過とともに過去を客観視できる条件がととのうとともに、史料の新発見や再解釈がすすめられるなどして、学術研究は着実に進捗《しんちょく》していった。

こうした傾向のひとつに数えられ、学術的な成果を積極的に発信しつづけている代表的な団体にナポレオン財団（Fondation Napoléon）がある。同財団は、ナポレオン帝政にゆかりのある陣容が運営にたずさわり、インターネットをつうじて二つの帝政に関する学術研究誌である『ナポレオニカ』誌や『ナポレオンの記憶（Revue du Souvenir napoléonien）』誌などの刊行物に掲載された論文をオンラインで公開している。

現代のナポレオンとして注目を集めたことのあるシャルル・ボナパルトもまた、現在ではナポレオンとゆかりの深い都市間の友好団体であるヨーロッパ・ナポレオン都市連盟（Fédération Européenne des Cités Napoléoniennes：本部はコルシカ島アジャクシオ）の会長として活動するかたわら、自分の一族の歴史を広く読者に想起させるべく執筆活動にも従事している。彼の著作を読むと、そこには同族ならではの先祖に対する愛や敬意がひしひしと感じられる。その点では、われわれ日本の名家とかわるところがないか、あるいは時としてそれ以上かもしれない。

ナポレオンの歴史はいまだ色あせない。本書は、こうした歴史を繙《ひもと》くべく、ナポレオンの系譜を十八世紀後半にまでさかのぼり、一世から四世までのナポレオン史の展開を追う。その際、ナポレオンの名の復活劇にくわえ、既存の体制に属さずその外側の世界から人生を開始したという側面、およびナポレオンという名のもつ多義性、という三つの観点から記述したい。

第一は、逆境からの復活劇という境遇であり、いずれのナポレオンにもドラマチックな展開がみられ、文学や芸術に素材を提供している。とくにそのなかでも、どん底を味わったのちに表舞台に華麗なる復活を遂げた大ナポレオンとその甥《おい》ナポレオン三世については特筆に値する。二人のナポレオンはいかにして逆境を克服し、復活することができたのだろうか。

第二は、異邦人としてのナポレオンの人格形成にかかわる側面である。一般にフランスのイメージといえば、まっさきにパリの風景が浮かぶのではなかろうか。歴史解説書でも、フランスの政治史的展開は、とりわけ首都パリの政治として語られることが多い。それに対して、この第二の側面は、辺境から中央を眺める視点をもつ点に特徴があるといえよう。たとえば、ナポレオンにかかわる紋切り型の表現として、「フランスの英雄」という形容句がしばしばもちいられるが、これは彼がフランス人であるという先入観を基礎とする。もちろんその表現が間違いとはいいきれないが、当時の状況に即して、同時代人の目をとおして見なおしたとき、どのようなナポレオン像がみえてくるのだろうか。

第三に、ナポレオンという名の多義性である。実際、ナポレオンという記号はきわめて多義的に機能していた。すなわち、時代や場所によって、あるいはまた評価する人の立場によって、ナポレオンという記号の意味は多種多様にうけとられえた。政治的混乱のとき「ナポレオン」に言及するスローガンが発せられるなど、ナポレオンの名と不可分の史実は少なくない。「ナポレオン」の名は、フランス一国にとどまらず、他のヨーロッパ諸国へと伝播《でんぱ》し、ヨーロッパの歴史にさえ大きな影響をあたえた。

以上の三つの視角を軸に、本書はナポレオンを中心とする一族のたどった、栄華と奈落《ならく》とを行き来する数奇な運命を描いていく。それは、個別エピソードの集積のみによってはみえてこないナポレオン四代の総体を提示しようとするものである。いいかえれば、本書はナポレオンをとおしてフランス、ひいてはヨーロッパの歴史をみとおす試みでもある。

なお、本文では筆者自身の文章よりも効果的であると判断されるばあい、発言や書簡など本人の生の声によって語らせる方法を重視した。それにより、時として臨場感を増す効果も期待される。

最後に、本書での表記に関して注記しておけば、本書では、皇帝位あるいはボナパルト家当主の座にあったナポレオンを中心とする一族を中心にすえる観点から、便宜的にこれらの人びとをとくに「ナポレオン一族」と呼称することがある。

目次

地図作成／ケー・アイ・プランニング

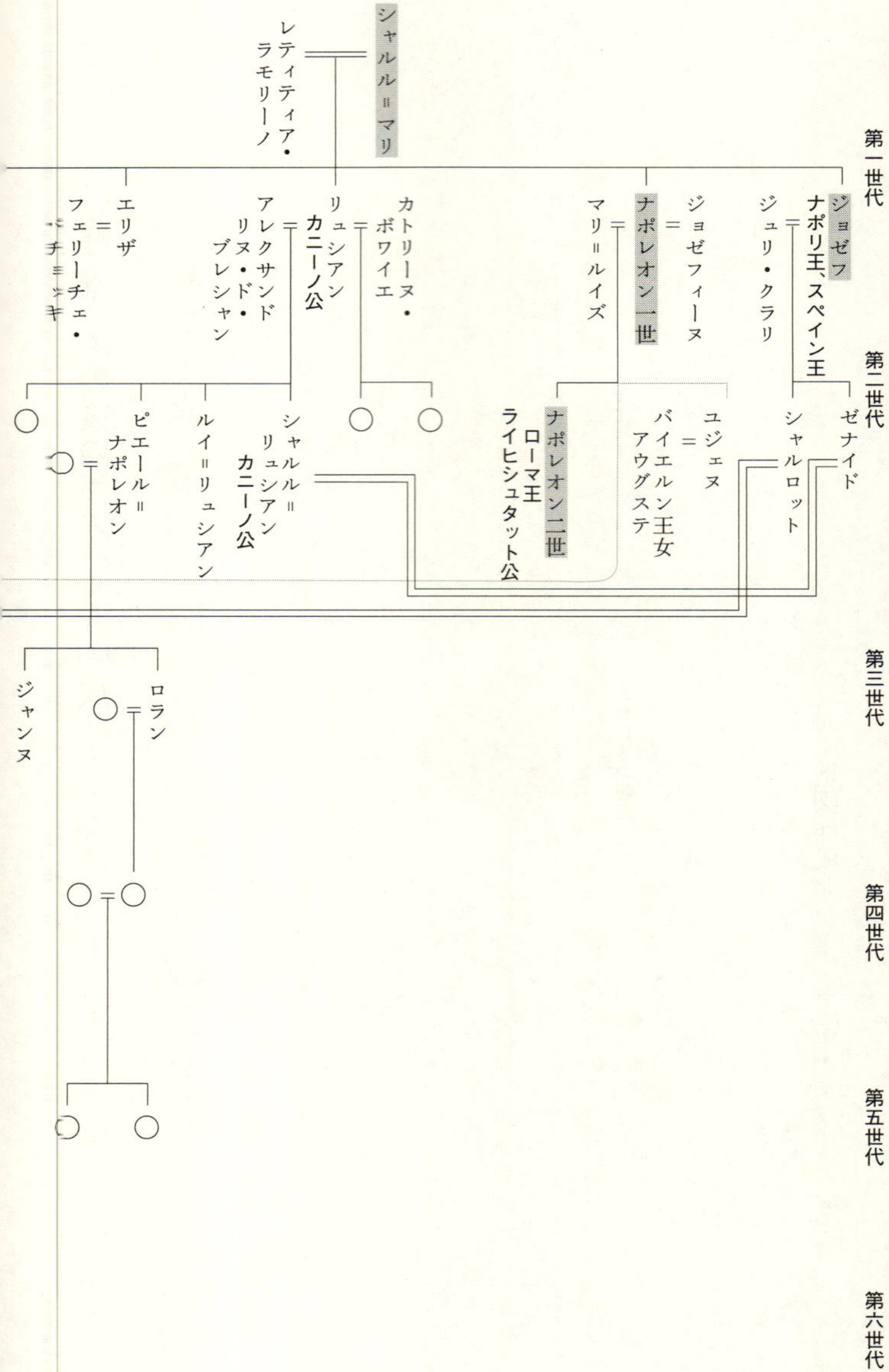
第一世代
第二世代
第三世代
第四世代
第五世代
第六世代
シャルル＝マリ
レティティア・ラモリーノ
ジョゼフ
ナポリ王、スペイン王
ジュリ・クラリ
ジョゼフィーヌ
ナポレオン一世
マリ＝ルイズ
カトリーヌ・ボワイエ
リュシアン
カニーノ公
アレクサンドリヌ・ド・ブレシャン
エリザ
フェリーチェ・
チョッキ
ゼナイド
シャルロット
ユジェヌ
バイエルン王女
アウグステ
ナポレオン二世
ローマ王
ライヒシュタット公
シャルル＝リュシアン
カニーノ公
ルイ＝リュシアン
ピエール＝ナポレオン
ロラン
ジャンヌ

ボナパルト家系図

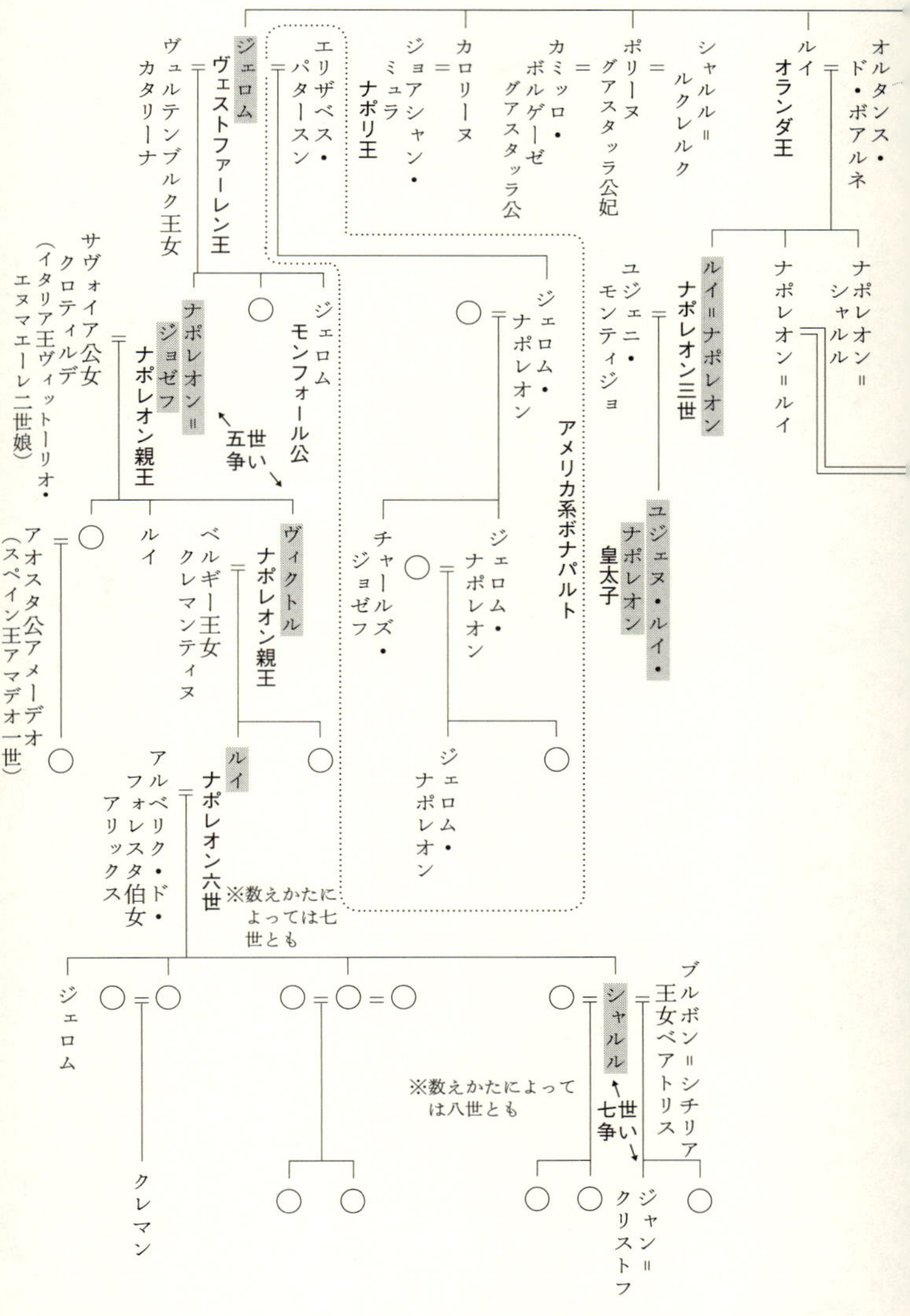

オルタンス・ド・ボアルネ
ルイ
オランダ王
シャルル＝ルクレルク
ポリーヌ
グアスタッラ公妃
カミッロ・ボルゲーゼ
グアスタッラ公
カロリーヌ
ジョアシャン・ミュラ
ナポリ王
エリザベス・パターソン
ジェロム
ヴェストファーレン王
ヴュルテンブルク王女カタリーナ
ナポレオン＝シャルル
ナポレオン＝ルイ
ルイ＝ナポレオン
ナポレオン三世
ユジェニ・モンティジョ
ユジェヌ・ルイ・ナポレオン
皇太子
ジェロム・ナポレオン
アメリカ系ボナパルト
ジェロム
モンフォール公
ナポレオン＝ジョゼフ
ナポレオン親王
五世争い
サヴォイア公女クロティルデ
（イタリア王ヴィットーリオ・エヌマエーレ二世娘）
アオスタ公アメーデオ
（スペイン王アマデオ一世）
ルイ
ヴィクトル
ナポレオン親王
ベルギー王女クレマンティヌ
チャールズ・ジョゼフ
ジェロム・ナポレオン
ジェロム・ナポレオン
ルイ
ナポレオン六世
※数えかたによっては七世とも
アルベリク・ド・フォレスタ伯女アリックス
ブルボン＝シチリア王女ベアトリス
シャルル
※数えかたによっては八世とも
七世争い
ジャン＝クリストフ
ジェロム
クレマン

序　章　ナポレオンの家系

イタリア半島からコルシカ島へ

「ボナパルト家の起源はいつかと問う者に対して、答はごく簡単である。それはブリュメール十八日にはじまったのだ」。ナポレオン自身は、みずからの家系についてこのように述べたことがある。それはまだ皇帝になるずっと前のことであるが、学生時代の友人ブリエンヌは、ナポレオンが自分の家系についてトスカーナからミラノにうつった一族であると語ったのを聞いたことがある旨を証言する。その後、ボナパルト家の家系研究が現在にいたるまですすめられていくが、なかには一族の出自をビザンツ皇帝やローマ皇帝にまでさかのぼるものさえ発表されている。他方、現代ボナパルト家の前当主シャルル・ボナパルトによれば、一族はジェノヴァ領リグーリアの町サルザーナに出自をもつともいう。実際のところ、ボナパルト家の系譜関係を正確にさかのぼるのはきわめて難度が高く、一定の結論をくだすにはそれなりの慎重を要す。

そもそもナポレオンが属する一族の名前は、フランス語表記の「ボナパルト Bonaparte」

になる前は、「ブオナパルテ Buonaparte」と綴《つづ》られていた。この名は、Buona Parte（フランス語表記では「よい党派 Bon Parti」）というイタリア語に由来するといわれ、中世イタリア半島における都市間抗争で勝者側についていたことから、この名が採用されたと考えられている。じっさい、ブオナパルテという一族は、すでに十二世紀からイタリア各地でみられた。

その後、一二六一年になるとフィレンツェ市参事会にギベリン（神聖ローマ皇帝派）に属するブオナパルテの名をもつメンバーがあらわれる。十字軍開始以降のイタリアでは、商業の繁栄にともなって自治都市（コムーネ）が次々と成立した。それは、上級権力から一定の独立を保つ都市国家ともいいうる存在で、たとえばヴェネツィア、ジェノヴァ、ピサ、ミラノ、フィレンツェなどが代表的な事例である。都市間には支配領域をめぐる争いが頻繁に展開された。都市間抗争は、神聖ローマ皇帝とローマ教皇の対立とも連動して、ギベリンとゲルフ（教皇派）の対立としてもあらわれた。

当時フィレンツェ市参事会にその名がみられたブオナパルテ（グリエルモ Guglielmo、仏名ギヨム Guillaume）は、ギベリン派に与《くみ》していたためゲルフ派に追放された。しかし、追放後の足跡を正確に追うのは困難である。一族の出自がジェノヴァ領にあるという、先のシャルル・ボナパルトの主張は、このころのことをさすのであろう。とはいうものの、一五二〇年にコルシカに移住するフランチェスコ（仏名フランソワ）がこの家系からあらわれたのかどうかさえ定かではない。現状としては、アンリ・カルヴェの説にしたがって、フィレンツェ系とコルシカ系とを別個の家系とみなしておくしかない。

いずれにせよ、コルシカ系のブオナパルテこそ、本書が注目するナポレオン一族の祖先であることはまちがいない。ただし、ナポレオン誕生直前のブオナパルテ家は、その血統の四分の三がジェノヴァを中心とするリグーリア地方に由来する。もっとも、当初は軍務によりコルシカ島に赴任してきたジェノヴァ人たちは、時間の経過とともに土着化していった。彼らは、フランス併合のころには、生粋のコルシカ人といっても過言ではない存在となっていた。なお、コルシカのブオナパルテ家は、島で最古を誇る家系のひとつボッツィ家と結婚関係をとり結んだが、この家系にはナポレオーネという洗礼名が伝えられている。これがブオナパルテ家の命名方法に流れこんだと考えられているが、他方でその名がアレクサンドリアの聖人の名前に由来するとの説もある。

コルシカ島は、一三五八年までには都市国家であるジェノヴァ共和国の支配下にはいったが、一七二九年から「四十年戦争」と呼ばれる独立運動が活発化し、五五年に指導者パオリ(Pasquale Paoli)のもとでジェノヴァ人を島から追放して一時的な独立を勝ちとった。ジェノヴァはフランスの介入によって事態を有利にすすめようと画策したが、その結果、フランス側に対する負債に困窮し、フランスとの折衝の末、一七六八年になって島の統治権がフランスに委譲されることが決定した。ナポレオン誕生の前年のことである。これをうけて、コルシカ独立派はフランスとの戦闘を開始することになる。

　このころヨーロッパの国際関係は、英仏対立を基本的な構図として、十八世紀をつうじ両国間の戦争がヨーロッパ大陸と植民地とにおいて展開された（七年戦争、プラッシーの戦い、

近世のイタリア半島

米独立戦争など）。イギリスはすでにジブラルタルを保有して地政学的優位を占めており、フランスにとって大きな脅威となっていたため、コルシカ島が地中海に占める戦略的意味はけっして小さくなかったわけである。

　フランスはコルシカ独立派との戦いを優位にすすめ、翌六九年に指導者パオリがイギリスに亡命せざるをえなくなり、コルシカは決定的にフランスの支配下にはいった。一時期、パオリの要請をうけたイギリスがコルシカに派兵したが、後

述するナポレオンのイタリア遠征にともなって九六年にやむをえず撤退することになる。このように、ブオナパルテ家が移住したのちのコルシカ島は、二つの強国のあいだで揺れ動く弱小勢力でしかなかった。そればかりか、のちに島の帰属が決定的にフランスにおちついたのが、コルシカ出身者ナポレオンの介入によるものであったというのは、まさに歴史の皮肉というほかない。

フランス王への臣従――ナポレオンの父カルロ・ブオナパルテ

コルシカ移住後の一族は、島の中心都市である人口四〇〇〇人ほどのアジャクシオで役人や公証人など比較的重要な職に就いていたことがわかっている。しかも、十七世紀から十八世紀にかけて、アジャクシオ市参事会から任をうけた六名からなる執行機関である長老会議メンバーを輩出していたから、一族の者は街の名士であったといってもよい。ブオナパルテ家は、いわゆるブルジョワと呼ばれる社会階層に属していたことになる。

ナポレオンの父となるカルロ（シャルル＝マリ Charles-Marie,1746-85）は、ジュゼッペ＝マリの子として、つまりフランチェスコから数えて九代目の当主として生まれた。彼が生まれたとき、一家はこれといった財産をもっておらず、けっして裕福とはいえない暮しぶりだったようである。カルロは、十三歳で孤児となってからは、アジャクシオのノートルダム聖堂で司教総代理（archidiacre）をつとめていた叔父ルチアーノ（リュシアン）によって育てられることになった。ブオナパルテ一族にとって、カルロは家名を継承すべき唯一の男子だったため、彼によせられた期待は大きかった。他の多くのコルシカ青年と同様に彼もまた青年期にイタリア半島にわたり、ピサで法律を修めて博士号を取得したのち、コルシカに戻って弁護士業を営んだ。カルロがナポレオンの母となるレティティア（Marie Laetitia Ramolino, 1750–1836）と結婚したのは一七六四年のことで、そのとき彼は十八歳という若さであった。

カルロの性格は、一説には貧しくとも大きな野望をいだくタイプだったと伝わる。しかし、ナポレオンにとって母親の存在感が大きいのにくらべると、父親としてのカルロの影はいかにも薄い。ナポレオンへの影響力こそ大きくなかったが、機をみるに敏な優れた人物であった。

カルロ（シャルル＝マリ）

カルロは確信的パオリ派として、一七六八年から翌年にかけて反仏闘争にうちこみ、徹底抗戦の檄《げき》を飛ばして味方を鼓舞した。

勇敢な若者たち！　今こそ決定的な時だ。われわれを脅かす嵐にもしうち勝たないとすれば、われわれの名も栄誉も、もうおしまいなのだ！……外国の軍勢は、共和国の利益を守るため、共和国の不当な要求を支持するために、戦争の危険を冒しにやってきた、という！

フランス王に屈する選択をした叔父リュシアンとの対立が深刻化したのも、このころである。こうした事情から、ナポレオンはリュシアンを軽蔑《けいべつ》していたという。

ところが、パオリの亡命によってますます劣勢にたたされた独立派は追いつめられ、カルロにもまた迷いが生じた。しかし、フランスに協力することをいったん決断するや、彼の行動は早く、かつ的確だった。フランス領となったのちのコルシカ島において力強く生きぬく術《すべ》を心得ていたという点で、彼は人後に落ちなかったといえよう。とくに、彼がフランス語の読み書き、会話ができたことを指摘しておかねばならない。フランス語能力をもつということじたい、当時のコルシカでは珍しいことだったからである。このことは、彼がフランス側について活動するに際して非常に有利に働いたものと考えられる。じじつ、一七七一年からフランスに協力する立場にたつことになり、フランス王の役人であるアジャクシオの国王裁判所陪席裁判官に任命され、島を代表してヴェルサイユの全国三身分会議（三部会）にも派遣された。

以上のようにして、カルロの才覚によってこそ、ボナパルト家がフランス本国において台頭するための素地ができあがったという点をけっして看過してはならない。ナポレオン自身は、のちに父親のことをこのように語っている。

私の父はたいへん美男だった。想像力は旺盛《おうせい》で、情熱は燃えるようだった。彼は熱狂的に自由を愛していた。……父はジロンド派とともに死んだといえるのだろう……。

しかし、そのカルロは末の息子ジェロム誕生の翌年に出先のモンプリエにおいて若くして他界してしまう。その亡骸《なきがら》は、当地のフランシスコ会修道院に埋葬された。後年、彼の遺骸がナポレオン三世の命によって設立されたアジャクシオの帝室礼拝堂（一八六〇年新設）に移葬されるには一九五一年を待たねばならない。その死から一七〇年ほどの時間をへてようやく、彼は妻レティティアとふたたび一緒になれたのである。

カルロの死は、ナポレオンがまだ十六歳のときであった。期せずして母子家庭となったボナパルト家は、父の死後、いかにして生き残っていくのだろうか。ここで、母親レティティアの存在が大きくクローズアップされることになる。

レティティア

母レティティアの存在感

レティティアの出身家系であるラモリーノ家も、ブオナパルテ家と同様にコルシカ移住ののち島に土着化した古いジェノヴァ人一族のひとつである。一七四九年（一説に一七五〇年）にこの家に生まれた女児は、「レティティア（喜び、の意）」と名づけられた。のちにナポレオンの母となる彼女は、男まさりの性格であったといわれ、対仏コルシカ独立戦争時には、ナポレオンを身ごもりながらも馬にまたがって戦闘に参加し、「最後まで戦わねばならない」と仲間を鼓舞していたほどの猛者であったと伝わる。じじつ、後年ナポレオンもいう。

女性の身体に男性の頭をもった人だった。

彼女は倹約家の一面ももちあわせており、夫カルロの散財するなか家計をやりくりしていた。彼女は、帝政期になるとナポレオンの宮廷から距離をおき控えめに生活することになる

ボナパルト家（男系）の略系図

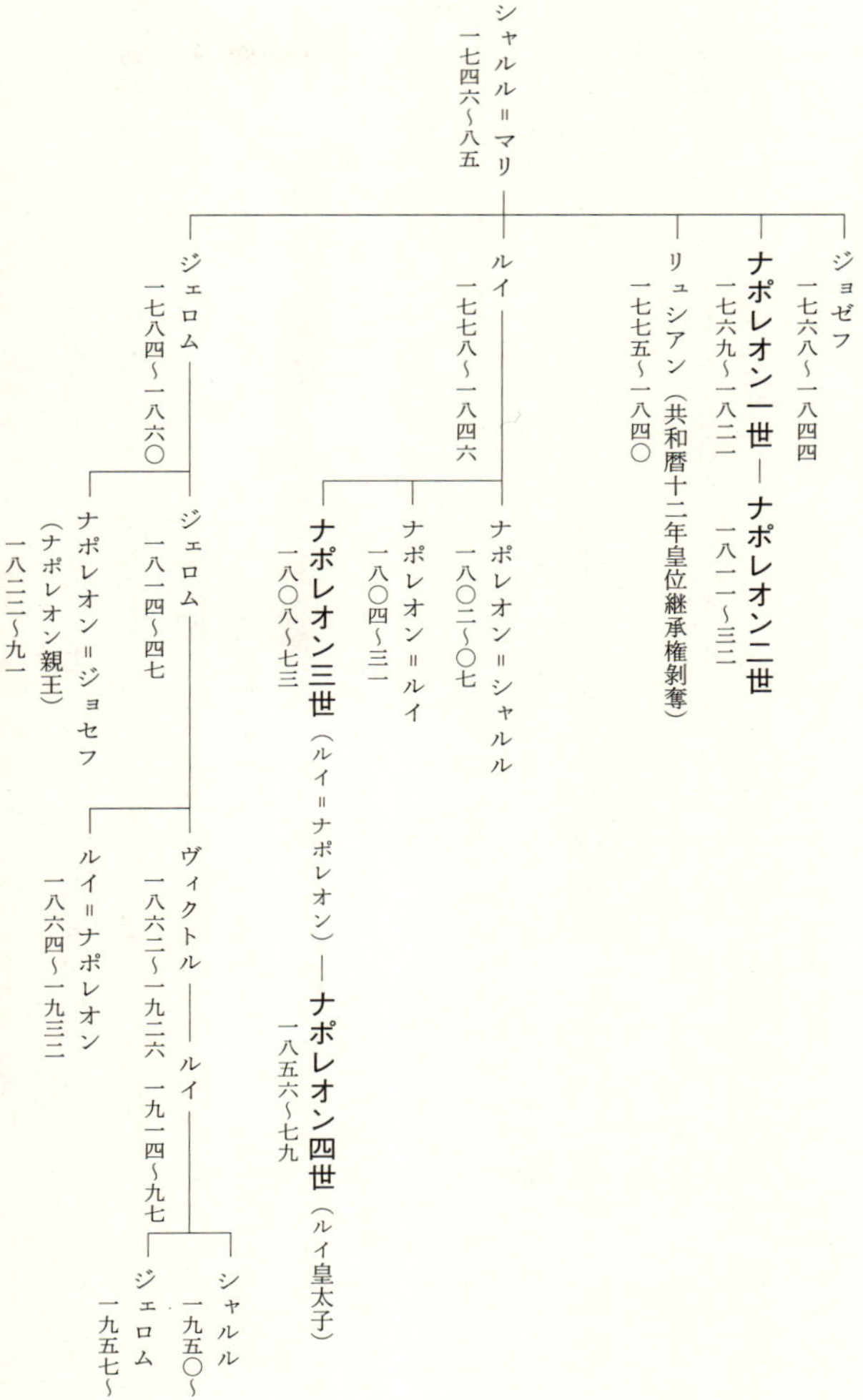
シャルル＝マリ
一七四六～八五
ジョゼフ
一七六八～一八四四
ナポレオン一世
一七六九～一八二一
ナポレオン二世
一八一一～三二
リュシアン（共和暦十二年皇位継承権剝奪）
一七七五～一八四〇
ルイ
一七七八～一八四六
ナポレオン＝シャルル
一八〇二～〇七
ナポレオン＝ルイ
一八〇四～三一
ナポレオン三世（ルイ＝ナポレオン）
一八〇八～七三
ナポレオン四世（ルイ皇太子）
一八五六～七九
ジェロム
一七八四～一八六〇
ジェロム
一八一四～四七
ナポレオン＝ジョセフ（ナポレオン親王）
一八二二～九一
ヴィクトル
一八六二～一九二六
ルイ＝ナポレオン
一八六四～一九三二
ルイ
一九一四～九七
シャルル
一九五〇～
ジェロム
一九五七～

が、それは持ち前の倹約精神や子どもの将来に対する心配のあらわれだったのかもしれない。夫婦のあいだには一二人（一三人説もある）の子が生まれたが、うち生存しつづけたのは八人のみで、うち五人が男子である。略系図には、男系のみ記載されている。生年からわかるように、大ナポレオンには年のはなれた弟たちがおり、すぐ下のリュシアンとさえ六歳差、末弟ジェロムともなれば十五歳もの年齢差がある。

子どもたちの教育の主導権は、当然のなりゆきでレティティアにあった。彼女の教育は厳格をきわめたようで、「義務、誇りを重んじなさい」という教えをくりかえし叩《たた》きこんだといわれる。また、ガキ大将だったナポレオンに対する躾《しつけ》も厳しく、ウソでもつこうものならこっぴどく尻《しり》をひっぱたいていたという。彼女の子どもたちはのちに皇帝、国王、王妃などになっていくが、レティティアは後年「私ほど皇帝や国王を叩いた人間はいない」と回顧したほどである。

夫の死後は、女手ひとつで子育てに追われることになる。心配性の彼女にとってみれば、いつまでも子どもは子どもにほかならず、「ぼくは皇帝なんだから、ぼくの言うことを聞きなさい」というナポレオンに対して、彼女が「私はあんたの母親なんだから、お母さんのいうことを聞きなさい」とやりかえしたという逸話も残されている。

このようなごくささいなエピソードでさえ、母親としてのレティティアがナポレオンに対していかに大きな影響をあたえていたかを物語っている。ナポレオンの進路選択に際して、海軍は危ないからという理由で陸軍を選択することを勧めたのもレティティアだったという。のちにナポレオン自身が証言するとおり、「ナポレオンが心静かに耳を傾けた唯一の人物……、それは母親だった」（同郷ナシカの証言）のである。そのことはナポレオン自身もよく自覚しており、晩年にすごしたセント・ヘレナ島においても、次のように書き残している。

母は私の幼少時代から厳しい愛情をそそいで、偉大なことしか考えないように気を配ってくれた。
私がもし幸運に恵まれたとすれば、そして私が世の中の役にたつようなことをしたとするならば、それはすべて母親が私にその原則的な態度というものを、しっかりと教えてくれたからだ。

まったくもって父親の存在感は皆無というしかない。なお、のちにダヴィドの手になるナポレオン皇帝戴冠式《たいかんしき》の絵画（四二頁）には、出席していないはずの母親の姿がはっきりと中央にあるのがわかる。この式典が挙行された一八〇四年、彼女は、仲たがいをしていたナポレオンと弟リュシアンのあいだをとりもつことに心を砕いており、十一月十四日にローマを出立したのちミラノに一週間以上にわたり滞在し、ここでリュシアンと合流した。十二月二日の戴冠式典に間にあうよう急いだ形跡はなく、彼女がパリに到着したのはようやく十九日のことだった。レティティアは、自分の皇太后としての立場よりも、母親としての立場にこだわり、帝国の式典よりもわが子の事情を優先したのである。こうした理由で、式典に彼女はいなかったのであるが、絵にその姿が描かれたのはナポレオン自身の意向によるという。いつの時代も、子にとっての母親の存在感は強いといったところか。

第1章　皇朝の創設者——ナポレオン一世

ナポレオンの名を聞いて、まっさきにサン＝ベルナール峠を越える彼の姿を想起する者は少なくなかろう（本章扉）。そこにみるナポレオンは、凛々《りり》しく勇ましい姿に描かれており、観《み》る者の印象に深く残る。それは、まさしく英雄のイメージである。たしかにその一面もあろう。しかし、なにもナポレオンにかぎったことではないが、人というものはけっしてひとつの側面だけをみて人物のすべてを判断できるわけではない。人はえてして複数の顔をもつものである。本章ではまず、ナポレオンの「英雄」というイメージが強いだけになおさらのこと、ある特定の紋切型に彼をおしこめてしまうのではなく、その多面性の部分に迫ってみたい。

I　若き日のナポレオン

ナポレオンの生いたち

私たちがよく知るナポレオンは、一七六九年八月十五日にコルシカで誕生した。ブオナパルテ家の伝統にしたがって、この第二子は「ナポレオーネ」と名づけられた。コルシカでは、Napulione や Lapulion とも綴られた。親族のなかにも、対仏闘争時に戦死した別のナポレオーネがおり、これにちなんだともいわれる。これがコルシカ風に訛《なま》って、「ナブリオ」との愛称でも呼ばれることになる。

一七七九年、九歳のとき、兄ジョゼフとともにフランス本国へ留学することになった。父カルロはいうまでもなく、それまでコルシカの青年がイタリア半島へ留学していた伝統からすれば、ブオナパルテ家にとって大きな変化であった。同年一月に、兄弟はフランス中部の町オタンのコレージュに入学したが、それはブオナパルテ家にとって故郷コルシカの「征服者」であるフランスで学ぶことでもあったのである。コレージュとは日本でいえばほぼ中学校にあたる中等教育機関である。オタンの町は、ブルゴーニュ地方のマコンにほど近く、オタンとマコンのあいだにはクリュニ修道院が位置する。のどかな田園風景の広がる地域で、葡萄《ぶどう》栽培とそれにもとづくワインづくりが盛んな一帯である。

このオタンの「征服者の学校」ではフランス語学習に励んだが、ブオナパルテ兄弟が話すコルシカ訛りのフランス語が学友たちの興味をひくまでに、さしたる時間はかからなかった。彼らのからかいに対し、あからさまに不愉快さを表現したのがナポレオンであったとすれば、

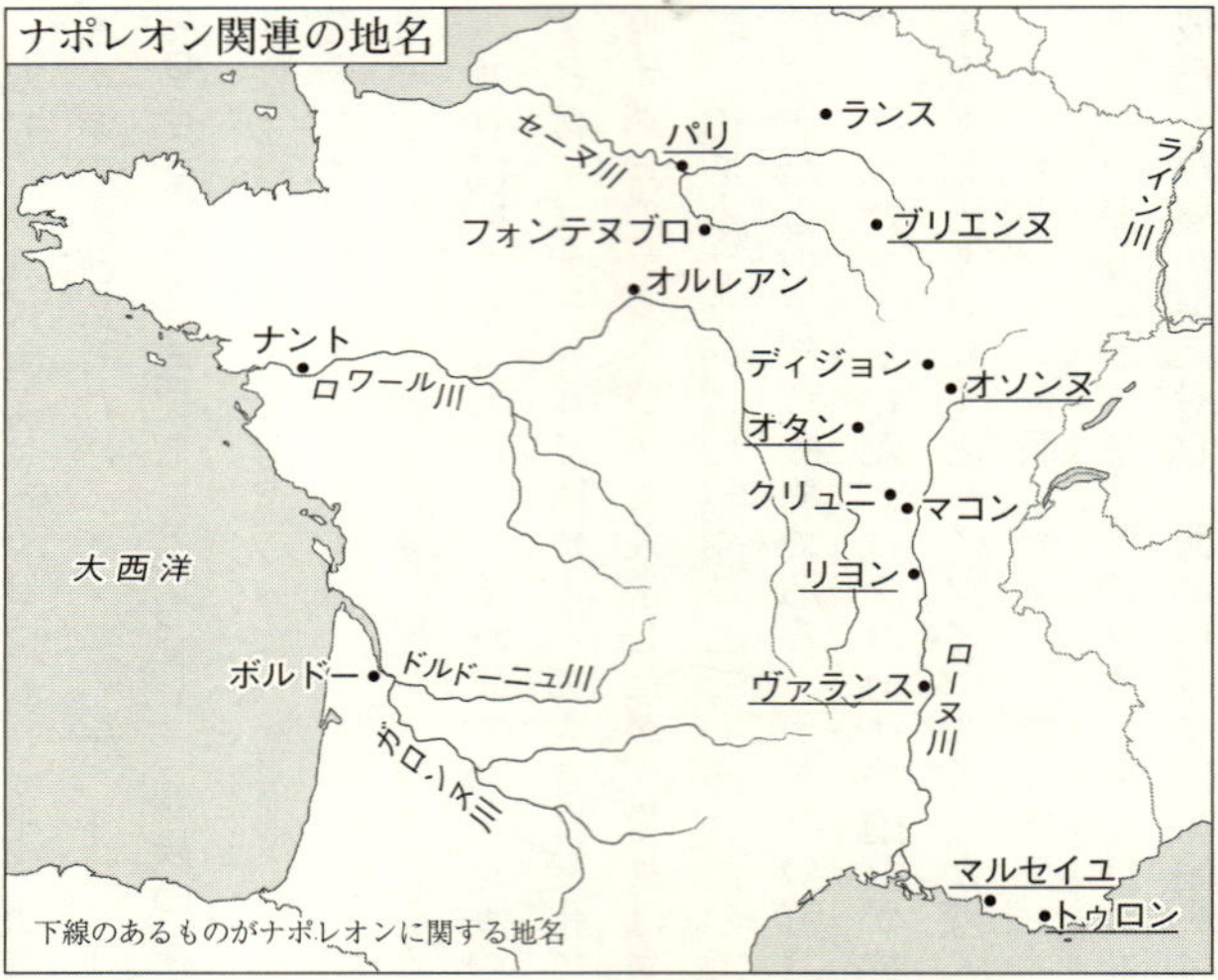

ナポレオン関連の地名

兄ジョゼフのほうはそうした感情を表にださず穏やかな性格だった。自然とジョゼフは弟のよき話し相手になったし、いじめをうけた後などはナポレオンにとって、精神安定剤のような存在であった。

同年五月、ひとりナポレオンはオタンのほぼ北に位置するシャンパーニュ地方のブリエンヌ兵学校（現在のオーブ県ブリエンヌ＝ル＝シャトー）に国王の給費生として入学し、一七八四年十月まで在学する。ジョゼフとの別れは、彼が何ごとも独力で克服しなければならなくなることを意味した。フランス貴族の学友のなかで、ただひとりコルシカ人が奮闘しなければならなかったのである。「パイヨーネ（鼻に麦わら）」とあだ名された彼は、あいかわらず嘲笑《ちょうしょう》やからかいをうけつづけた。それでも、少しずつではあれ学友との良好な関係を築いていく。そうしたなかで、彼は歴史、地理、数学など勉学に熱心にうちこんだ。

このブリエンヌ時代に、弟リュシアンが彼のもとに訪れた時のことを書いた手紙が残っている。そこには、「彼［リュシアン］は、フランス語が非常によくできるが、イタリア語はまったく忘れてしまっています」（一七八四年六月二十五日付）とある。当時十五歳のナポレオンからすれば、六歳はなれた弟がイタリア語（コルシカ語）を解さなくなってしまったことを憂う気持ちがあったのであろう。兄弟のなかで故郷の言葉を難なくつかえるのは、もはや自分と兄ジョゼフだけだった。

ブリエンヌ兵学校をでたナポレオンが次に入学したのは、パリ士官学校である。ここでも、孤独な学校生活をつうじて彼の反骨精神が養われた。のちに彼の個人秘書になる学友ブリエンヌをのぞき、在学中ほとんどこれといった交友関係を築かなかったようである。

一七八五年、十五歳でパリの士官学校を卒業した時の成績は、五八人中四二番目だったという。このことから、ナポレオンがずばぬけて優秀な生徒ではなかったと結論するむきもある。その一方で、通常四年間で卒業する課程をわずか一年間で卒業できたことを考えれば、ナポレオンがきわめて優秀な生徒だったとする説もある。ただし、現代の子孫シャルル・ボナパルトなどは卒業時の成績が四二番目でなく四八番目だったとしており、情報が錯綜《さくそう》しているため、結論づけるのは容易ではない。とはいえ、いずれの説にも共通するのは、数字のうえでナポレオンがけっして成績簿の上位にいなかったということである。これには、他のフランス貴族の子弟にくらべてフランス語力の点で不利だったという事情も勘案せねばなるまい。いやむしろ、のちの彼の躍進をみれば、評点の低さが彼の理解力をそのまま反映するものではなかったと考えるほうが理にかなっている。

フランス王国軍への入隊

士官学校卒業後の一七八五年十月、ナポレオンは南仏ヴァランスの砲兵隊（ラ・フェール連隊）に配属された。この連隊は砲兵士官の実戦訓練にも力をいれており、彼はそこで技術的な腕を磨くのである。翌年一月に少尉に昇進し、そののちリヨン、オソンヌなどフランス中部と南フランスの地方各地を転任した。

この時期、彼は軍隊勤務に対して大した熱意をもっておらず、休暇をとってはたびたびコルシカに帰省した。少なくとも五回にわたる帰省（一七八六年九月〜八七年九月、八八年一月〜六月、八九年九月〜九一年一月、九一年十月〜九二年四月、九二年十月〜九三年六月）のたびに、実家の切り盛りに精をだしていたようである。パリ士官学校在学中の一七八五年に父カルロが死去したため、一家が母の手ひとつで維持されていたことを考慮すれば無理はない。したがって、彼にとりフランスでの軍隊勤務は生活のための手段という意味あいが強かった。とはいえ、彼の俸給は八〇〇リーヴル（プラス住宅手当一二〇リーヴル）でしかなく、一家の生計をささえることなどとうてい不可能であった。

兄のジョゼフはというと、学業に専念しており、ピサに留学しては当地で学友の青年貴族たちとつきあい浪費していた。一族の長であり、知性もそなえていたが、ナポレオンほど決断力に優れてはおらず、家計をささえるのはもっぱらナポレオンの役割であった。必然的に、ブオナパルテ家の家計は火の車となった。のちにナポレオン自身が、この点について証言してくれる。

わが家の原則、それは金をつかわないということだった。絶対に必要なもの、衣類や家具など、しかしテーブルはダメ、そのようなものにしか金はつかわない。……現金で支払うというのは大変なことだった……。

ナポレオン青年の夢

たびたびコルシカに帰省していたころ、ナポレオンがある親族に宛《あ》てた一通の手紙には、フランスに対する醒《さ》めた思いがつづられている。宛先は、コルシカの首邑《しゅゆう》アジャクシオにおいてカトリック司教総代理をつとめていた大叔父リュシアンであり、父カルロの叔父である。フランスでは、退廃した大領主のもとにいるかのようです。現在を満足させるお金を手にしたときから、人はもはや将来のことを考えないのです。

わが故郷コルシカを支配するフランス人が「退廃した大領主」になりさがってしまっている、こともあろうにコルシカはこのようなフランスに屈している、との思いが伝わる。この屈辱感がより明瞭《めいりょう》に表現されるのが、コルシカの英雄パオリ宛の手紙においてである。バスティーユ監獄襲撃の一か月前にしたためられた手紙（一七八九年六月十二日付）には、「私は祖国が死んだときに生まれました」との記述があり、読む者をはっとさせる。どういうことだろうか。

三万人のフランス人が、わが島に上陸してきて、自由の玉座を血の海のなかで溺《おぼ》れさせました。それが、私の目に最初にとびこんできたおぞましい光景でした。

ここではっきりと表明されるのは、ナポレオン青年にとって、フランスが祖国を蹂躙《じゅうりん》した憎むべき敵だということである。つづく文章で、彼の舌鋒《ぜっぽう》はますます鋭くなる。

……私の著述［ナポレオンの手になる『コルシカの歴史』］の成功がどのようなものであれ、わが島を統治するフランスの役人は、大勢でこぞって私に敵対すると思います。私は、それを攻撃します。しかし、祖国のためになるならば、そんなことはなんでもありません！

一読しただけで、祖国コルシカのために戦おうと決意する青年にみなぎる熱い思いをみてとることができよう。ナポレオン青年には、自分がフランス人であるというよりも、コルシカ人であるという自覚のほうがずっと強かったのである。自分の父親がその秘書としての役割を果たしていたという事情もあったであろうが、それ以上に彼自身の祖国コルシカに対する強い思いいれから、コルシカ独立運動の指導者パオリを英雄視するようになったことはまったく不思議ではない。意外にも、一見して無に等しいと思われた父カルロの影響は、ナポレオン青年の根幹部分に確実にうけつがれていたわけである。彼がフランス軍での勤務に専念しなかった理由には、以上にみる祖国コルシカへの愛着もまた強く作用していたのである。

II　フランス人としての再出発

革命勃発からパオリとの路線対立へ

このパオリ宛書簡の直後、七月十四日にはかの有名なバスティーユ監獄襲撃事件がおきる。バスティーユ襲撃の知らせは、たちまち地方各地へと伝えられた。当時ナポレオンが駐在していたオソンヌにおいても、同月十九日に町の関税事務所が襲撃され、軍隊内にも反乱がもちあがった。しかしナポレオンはまだ、これら一連の事件をまるで他人《ひと》ごとのように傍観していたにすぎず、九月には早々にコルシカに帰省してしまった。その後も、革命運動に大したかかわりをもつことなく、長期の帰省をくりかえしていたことはすでにみたとおりである。フランス人のやることに対し無関心を示す態度は、彼があくまでコルシカ人としての思いを強く保持しつづけていたことと表裏一体であった。

このような彼の態度は、一七九二年にはいるころから徐々に変化していった。同時に、彼の尊敬するパオリとの亀裂があらわになってきたのも確かである。パオリは、コルシカ独立をフランス国内の反革命派と同盟を結ぶことによって実現しようと考えていたが、これがフランス軍人として禄をはむナポレオンの立場とはどうしても相容《あいい》れなかったのである。一七九二年四月になると、アジャクシオにおいて反革命派の運動がおきたが、フランス革命政府軍に属するナポレオンとしてはこれを鎮圧するほかなかった。彼にとってみれば、それは苦渋の選択であったにちがいない。なぜならば、ナポレオン青年がフランスからのコルシカ独立を望んでいたことにかわりはなかったからである。そのことは、同年六月の段階で兄ジョゼフに宛てられた手紙に、「かつてないほど、すべてがわが祖国の独立におちつく可能性が高い」と記されていることからも明らかである。このころのナポレオンは、祖国コルシカの独立を望んでいながらも、これを逆の立場において制圧しなければならない矛盾に苦悩していたにちがいない。

いずれにせよナポレオンは、パオリとの路線の違いによって、決定的に彼と決別することになった。コルシカの生家はパオリ派の襲撃をうけ、九三年六月十一日にはフランスのマルセイユに移住せざるをえなくなった。こうして、いまだ二十代前半期のナポレオン青年は、時代の荒波に強いられてコルシカ人であることを封印し、フランス側の人間として生きていくしかなくなったわけである。このことこそは、彼自身にとってはもちろんのこと、フランスにとってもまた、ひとつの大きな転機になったといえるだろう。実際に、その後の彼は、フランス軍人としてめざましい立身出世を遂げていくことになる。

ルイ十六世

恐怖政治期——トゥロン攻撃の指揮官として

九二年になると、パリには不穏な空気が充満するようになっていた。六月二十日にはパリ民衆がテュイルリ宮に侵入を試みると、ナポレオンはそれを許した国王ルイ十六世に対して「あの馬鹿者めが！」と辛辣《しんらつ》な言葉を浴びせた。この過程において、革命のひとつの転換がナポレオンの運命にも影響をあたえることになった。それは、九二年八月十日事件の発生である。この事件は「八月十日の革命」ともいわれ、パリの「ごろつきども」によってひきおこされた騒擾《そうじょう》のなか、国王ルイ十六世が逮捕された。ナポレオンは民衆の示威行動にも軽蔑の目をむけたが、国王の無策ぶりにも愛想を尽かした。

八月十日事件の結果、九月二十一日をもって王権が停止され、王政廃止と第一共和政樹立が宣言されるとともに、国民議会にかわる新しい議会として国民公会が召集された。そもそも、こうした事態にいたる背景には、対外戦争激化とヴァレンヌ逃亡事件という二つの要因が大きくかかわっていたと考えられる。もともとフランスで革命が勃発《ぼっぱつ》すると、周囲の諸外国（英、墺、普、露）は革命に反対する立場からフランスに内政干渉し、革命政府との戦争に突入していた。戦時状態にあったフランスでは、九二年になると革命が急速にエスカレートしていき、「祖国は危機にあり」との世論が高揚して、徹底的により急進的な改革路線をおしすすめようとする気運がにわかに充満した。

ヴァレンヌ逃亡事件

ルイ十六世の処刑

前年六月におきた国王ルイ十六世の国外逃亡、すなわちヴァレンヌ逃亡事件はこの流れに拍車をかけるものでしかなかった。それは、憲法（いわゆる一七九一年憲法）が審議されている最中のできごとであり、この新憲法のもとで立憲王政の中心となるべき国王がフランスを捨てて国外に逃げようとしたのである。

これによって、国王個人の資質が問題視されるとともに、ルイ十六世に対する国民の不信感が高まったのであった。その結果、逮捕後に議会での裁判に臨んだルイ十六世が死刑判決をうけ、早くも翌九三年一月には革命広場（現在のコンコルド広場）に設置されたギロチンの露と消えたことは周知のとおりである（王妃マリ＝アントワネットは同年十月に処刑）。

こうして伝統的王政が消滅したことは、王政とともにあった従来の貴族制社会が崩壊したことを端的に象徴するできごとでもあった。それは、かつての特権的貴族の影響力がそがれ、それまで日陰でくすぶりつづけるしかなかった社会層に対する重しがとりのぞかれたことを意味する。コルシカという辺境の出身者ナポレオンにとってもまた、八月十日の革命はまさに千載一遇の転機となりえたのである。

八月十日の革命ののち、院外の民衆運動が活発化するなか、九三年春ころまでには国民公会の主導権が山岳派（またはジャコバン派）と呼ばれた急進的な革命推進派によってにぎられるようになった。革命指導のための公安委員会が創設されるなど、いわゆる革命独裁が開始され、反革命派は徹底的に弾圧され断頭台に送られた。ナポレオンが表舞台に姿をあらわしたのは、この「恐怖政治」期である。

一七九三年十二月になると、ナポレオンは反革命派の拠点であった南仏トゥロンを攻撃するための部隊の司令官に任命された。この抜擢《ばってき》は、彼がロベスピエールの弟オギュスタン

(Augustin) と交友関係があったという事情があったからである。ナポレオンは、トゥロンを三日間ほどでみごとに陥落させ、これにより彼は決定的に革命フランス側の人間となった。大尉としてトゥロンにむかった彼は、戦勝の功績によって将軍（旅団長）に昇格した。

不遇の時代へ

反革命派を弾圧することによって台頭したナポレオンのキャリアは、しかしながら思わぬできごとによって足元をすくわれることになった。九四年七月にテルミドールの反動と呼ばれる政変によりロベスピエールが失脚すると、ナポレオンはロベスピエールの弟オギュスタンと懇意にしていたため、ロベスピエール派との嫌疑で逮捕されてしまったのである。約二週間ほどで釈放されはしたが、軍隊からは除籍され、失業状態に陥った。このころの彼について、同時代のある回想録はこのように語っている。

フロックコートも靴もすり切れ、背の低い身体は痩《や》せ細って、肌の色もどす黒い。髪は広い額に降りかかって、ルソーのまなざしに似たという眼だけが生き生きとした精彩を放っている。

ルソーのまなざしに似ていたかどうかはともかくとしても（それはあまりにナポレオンびいきの評価であろう）、彼が不遇の時代をむかえたことだけは確かである。

Ⅲ 「皇帝ナポレオン一世」の誕生

常勝将軍ボナパルトの台頭

ロベスピエールの失脚につづいて総裁政府（一七九五～九九年）が成立すると、革命を極端におしすすめようとする勢力が弱体化したのにともなって、フランス国内では反革命派にたつ王党派の脅威が強く懸念されるようになっていった。

ナポレオンは、トゥロン攻略でみられた軍事的な才能を認められて軍に復帰することができ、これ以降、重要なポストを任されることとなる。彼をひきたてたのが、総裁政府の要人になっていたバラス（Barras）である。彼は、国民公会の脅威となっていた王党派暴動（ヴァンデミエール反乱）を鎮圧する任を九五年十月にあたえられ、軍の再建に着手する必要があった。そのようなときに、ナポレオンもバラス配下にくわわることとなり、十月末には辞任したバラスの後任として国内軍最高司令官になったのであった。こうした出世は、もちろん一家の家計にも大いなる助けとなった。母レティティアを常日頃から気にかけていたナポレオンは、安堵《あんど》につつまれて便箋《びんせん》に筆を走らせるであろう。

家族に五万～六万フラン送りました。……もう家族も困らない……。なにもかも十二分であるにちがいありません……。

その後のナポレオンの軍事的成功をおおまかに一瞥《いちべつ》すれば、まず何といっても一七九六年三月にイタリア遠征軍総司令官としてオーストリア軍と戦ったことをあげねばなるまい。つづく五月にはロンバルディアのロディでの戦いに勝利をおさめ、サヴォワとニースを獲得し、十一月にアルコレで勝利したのち、翌一月にはリヴォリでも勝利をものにし、三月にはたちまちオーストリア国境を越えて破竹の快進撃をみせた。

アルコレ橋のボナパルト（グロ作）

そのころオーストリアの都ウィーンでは、フランス軍の猛攻に対する衝撃が広がり、皇帝はその財宝をハンガリーに移して保全を図るとともに、ナポレオンとの和平交渉を急いだ。こうして十月には、ネーデルラントとロンバルディアをフランスに割譲することをもりこんだカンポフォルミオの和約が締結され、イタリア戦役に一応の休止符が打たれた。フランスに凱旋帰国したナポレオンは、パリにおいて総裁政府や議員たちの盛大な歓迎をうけた。まさに彼は、時の人になったのである。

ジョゼフィーヌとの出会い

このころナポレオンに大きな影響をあたえた女性といえば、ジョゼフィーヌ（Joséphine 一七六三〜一八一四）をあげないわけにはいかないだろう。ナポレオンの運命にもっとも大きな影響をあたえたのが、母親を別とすれば、妻となるジョゼフィーヌであったと評されることもあるほどである。

フランス領マルティニク島に生まれた彼女は、十六歳のときにボアルネ子爵（vicomte Alexandre de Beauharnais）と結婚し、彼とのあいだに二子をもうけた。夫ボアルネ子爵は一七九四年に反革命派の濡《ぬ》れ衣《ぎぬ》で処刑されたため、ナポレオンと出会ったころは未亡人であった。

ナポレオンと出会うきっかけは一七九五年、政府要人バラスの仲介によるといわれるのが一般的であるが、別の説もある。この説によれば、王党派反乱の鎮圧後に武器を没収された者のなかにジョゼフィーヌの息子ユジェヌ（Eugène）がおり、その父親の形見である剣の返却をナポレオンに願いでたのが最初の出会いだったともいう。いずれにせよ、彼女がバラスの愛妾《あいしょう》だったことはまちがいなさそうで、そのようなことを知る由もないナポレオンは、この未亡人に夢中になってしまった。その直前には、マルセイユで知りあった婚約者デジレ・クラリに別れの手紙を書いたばかりだった。

愛するという繊細な情にだけ身をゆだねることがない男は、君の恋人であってはならない。（一七九五年六月十四日付）

ジョゼフィーヌ

当時のジョゼフィーヌは、社交界で名を馳《は》せてはいたが、とくにめだつ美女だったというわけでもないし、彼より六歳年上の子もち未亡人だった。ナポレオンは、デジレに手紙をしたためるひと月前にマルセイユからパリに転任したばかりであり、このパリにおいてデジレとの別れから四か月後にジョゼフィーヌと出会ったことになる。

ジョゼフィーヌの優雅な立ち居振る舞い、それでいて高慢でもないところに惹《ひ》かれたというが、本当のところは本人でないとわからない。彼は、自分が描いた理想像を勝手に相手にあてはめる性格であったと解釈されることもあるが、好きになってしまったら周りがみえなくなるのは世の常である。ナポレオンもまた、ジョゼフィーヌが借金だらけだったことや、有力政治家の愛人になって生計をたてていることを察知することができなかったということになろうか。

ジョゼフィーヌはというと、どうやら出会ったころのナポレオンを田舎者で、ずっと年下であるがゆえに頼りがいのない男くらいにしかみなしていなかったようである。出世の道を歩みはじめたころには、将来的に有望かもしれないとの考えからナポレオンの気をひいた形跡さえある。しかし、結婚までは考えていなかったようで、ナポレオンからプロポーズされたとき、ジョゼフィーヌは多少なりとも困惑した。このころの友人宛の手紙には、こうある。

彼がエネルギッシュに語る力強い情熱は気に入っていますし彼の口ぶりからすると誠実さを疑うことはできません。この力強い情熱こそが、私が結婚に同意した理由なのです。

嫌いではなかったが、恋愛感情がわくわけでもなく、ましてや結婚など考えてもみなかったが、「力強い情熱」のゆえに、結局のところ彼女はナポレオンの求婚を承諾した。一七九六年三月九日、デジレとの別れから一年もしないうちに二人は結婚した。これに先だつ三月二日には、ナポレオンがイタリア遠征の最高司令官に任命されていた。二十七日には軍務のためニースに到着しているので、新婚生活をゆっくり楽しむこともなく、かなり慌ただしくパリを後にしたことになる。そのためもあってか、彼は連日のように戦場から手紙をしたためた。おそらくはパリを出発してニースへむかう途中に書いたであろう手紙にはこうある。

他に比類なきジョゼフィーヌよ、君の不思議な力といったら何といったらいいんだろう。……君はぼくのことだけを二回考えたかい？　ぼくは君に三箇所キスをするよ。ひとつは君の胸に、ひとつは君の口にそしてひとつは君の両眼にだ。（九六年三月ころ）

任地に到着してからも手紙を書くことが遠くパリにある妻に対する熱情のはけ口となった。

君に手紙を書かない日は一日たりとてないよ。（三月三十日ニース）

この熱情は、さらにエスカレートする。

君に愛されないと死んでしまう、その確信がなければ死んでしまう、それは地獄の苦しみだ……。（四月三日）

最後に君がくれた手紙は、友情のごとく冷淡なものだ。……君が以前くれた手紙がぼくの魂をあまりにおさえつけていたことに気づいたよ。（四月五日）

君からの手紙はない。四日ごとにしかうけとっていない。ぼくのことを愛しているのなら、日に二回は手紙を書いてくれるだろうに。（四月七日）

妻への手紙攻勢のかたわら、ナポレオンはイタリア戦線において既述のとおり次々と戦果をおさめていった。六月十一日付の、滞在中のミラノからバラス宛に書かれた手紙には、ジョゼフィーヌの影が彼に大きくのしかかっていたようすがうかがわれる。しかし、彼女を戦地に呼びよせたいと願う彼は、どん底にもつき落とされることになった。

私は絶望の淵《ふち》にいます。わが妻が来ないのです。妻には愛人がおり、その愛人が彼女をパリにひきとめているのです。

ジョゼフィーヌはというと、ナポレオンからの手紙に興味がなく、友人と手紙の内容をネタにしては笑い、あげくに手紙そっちのけで遊びにでかけたり浮気していたのだという。浮気のことは、ナポレオンの手紙からもうかがい知ることができる。もっとも、当時の貴族社会にあって、結婚と恋愛は別という考えかたはごく普通だったから、彼女にとってナポレオンは夫という立場にいるにすぎなかったのかもしれない。ただし、ナポレオンがエジプト遠征まで指揮し、フランスの英雄とまでもてはやされるようになるにつれて、ジョゼフィーヌはようやく彼が傑出した人物であることに気づきはじめたらしい。

権力の頂点へ——ブリュメール十八日のクーデタ

一七九八年五月、エジプト遠征が開始され、七月にはカイロ入城が果たされた。ところが、エジプト遠征のあいだ国際状況は風雲急を告げ、英露墺による対仏大同盟（第二回）による包囲網が形成された。ナポレオンが留守にしているあいだに、本国のフランス軍は苦境に陥っていた。フランス国内では政治情勢があいかわらず不安定であり、総裁政府は国内の政治的動揺をおさえることができずにいた。ナポレオンがフランスへの帰国を決意したのは、このような国内外の緊迫する情勢のなかにおいてであった。

そもそも、フランス革命が勃発してからというもの、フランスの政治体制は実に不安定でありつづけた。大革命により身分制社会が一掃され、多くの市民層が政治の表舞台に登場することになったが、既述のヴァレンヌ逃亡事件ののちに国民公会内で力をえたロベスピエールらの山岳派（ジャコバン派）による革命独裁が九三年六月に成立した。その強権的な「恐怖政治」も長くはつづかず、翌年七月におきたテルミドール九日の反動によってロベスピエールをはじめとする山岳派が失脚して終焉《しゅうえん》したことはすでに述べたとおりである。これにつづいて、国民公会において穏健な勢力が主導権をにぎるようになると、彼らによって樹立された総裁政府は、ジャコバン派などの左派と王党派からなる右派とからの両陣営による攻撃をうけることになり、たちまちその弱体をさらすようになった。これにくわえ、軍事的劣勢を前にして、フランス世論には強い軍事的指導者を待望する声も日増しに大きくなっていた。ナポレオンが帰国を決意したのには、このような背景があった。

一七九九年十月にナポレオンが帰国すると、シエイエスを中心する一部の総裁政府メンバーと議会の穏健派議員が、国内で高い評判を得ているナポレオンを利用して総裁政府を倒そうという計画をたてていた。十月三十日の夜、ナポレオンをまじえて謀議がおこなわれ、いかにしてクーデタを遂行するかについての計画が練られた。

そして十一月九日（ブリュメール十八日）、事前の計画にそって、五名の総裁のうちシエイエス、デュコが辞任し、他方でナポレオンはテュイルリ宮殿内でおこなわれた閲兵式において総裁政府を非難する演説をおこなった。翌十日、サン＝クル宮殿で開かれた議会は、新しい総裁が任命されるとばかり思っていたところ、憲法改正が議題にあがったために混乱に陥った。議会の混乱を耳にしたナポレオンは議場での演説を試みたが、議会はますます混乱した。議員からはナポレオン解任の声もあがるなどして、事態は切迫していた。一歩間違えば、ロベスピエール処刑のときのように、議会でナポレオン非難の緊急動議が可決され、そのまま逮捕されることもありえた。

議場の混乱のなかのナポレオン

そのとき、議長をつとめていた弟リュシアンが議場の外に待機していた軍隊を招きいれ、反対派議員を排除することに成功した。賛成派議員のみ残された議会は、総裁政府の廃止と、ナポレオン、シエイエス、デュコからなる統領制府を樹立することを決定した。ここに、「ブリュメール十八日のクーデタ」と呼ばれる政変がなったのである。

シエイエスとデュコはすぐあとになって統領政府からしりぞいたが、ナポレオンは第一統領として独裁的な権力をにぎりつづけた。こうしてナポレオンは、ついに最高権力を掌握することになり、フランス革命が終焉するとともに、新たな歴史の局面がはじまったのである。

皇帝即位の歴史的意味

ナポレオンが第一統領に就任したとはいえ、成立したばかりの統領政府はけっして安泰ではなかった。ナポレオンの周囲にはつねに陰謀が絶えず、なかでもブルボン王党派の陰謀がもっとも大がかりなものだった。

ブルボン王党派は、ブリュメール十八日のクーデタがおきると、ブルボン朝復活の日が近いと考え、ナポレオンに大きな期待をよせていた。亡命中のプロヴァンス伯（のちのルイ十八世）にいたっては、ナポレオンに書簡を送り、ブルボン朝復活が実現したときには、どのような要求にも応じるという旨を伝えたほどである。

ナポレオンがこれをはねつけると、王党派はナポレオン暗殺を画策しはじめ、一八〇〇年のクリスマス・イヴに爆弾事件をおこし（サン＝ニケーズ通りのテロ）、そののち〇三年にも深刻な陰謀事件が発覚した。幸いにしてナポレオンは無傷だったが、国内にはナポレオンがつねに暗殺の危険に直面していることに対する不安が大きくなっていった。当時、第三の議会として設置されていた護民院において、ナポレオンを皇帝に推挙する旨の動議が提出され、審議されたのは、このような時であった（一八〇四年三〜四月）。

　皇帝推挙の動議は、フランスの安定のために世襲の君主制が必要であるという理由にもとづいていた。ただしそれは、ブルボン王家の復活ではフランス革命の意義が損なわれてしまう、ゆえに革命の成果をふまえた新たな君主制でなければならない、君主の称号も「王 roi」ではなく「皇帝 empereur」がよい、という内容だった。

　皇帝推挙の提案は、護民院で可決されたのち元老院に送付され、そこで帝政樹立の元老院議決がなされた。元老院代表が、サン＝クル宮殿にいたナポレオンのもとにこの知らせを伝達したのは、一八〇四年五月十八日のことだった。元老院議長カンバセレスが、ナポレオンの面前で元老院議決を読みあげ、ナポレオンはこれを受諾した。この元老院議決は人民投票にかけられ、賛成三五七万、反対二七〇〇で承認された。ここにナポレオン帝政が正式に誕生したのである。ナポレオンが三十五歳のことだった。

　自分が「王」にではなく「皇帝」になるという考えかたは、ナポレオンにとって大いに納得のいくところであったろう。彼は、アレクサンドロス、ハンニバル、カエサルなどの英雄、とりわけローマ帝国を再興してみずからローマ皇帝となったシャルルマーニュ（カール大帝）を好み、その王宮のあったアーヘンに赴いて遺骸の前で瞑想《めいそう》することもあった。何よりも、

1804年12月2日の皇帝と皇妃の戴冠（ダヴィド作、部分）

イタリアとの強い関係を前提とする皇帝位は、イタリア起源であるみずからの家系とも矛盾なく論理的接合をはかることができた。やがて生まれくる息子に「ローマ王」の称号をあたえたことも、このことと無関係ではなかろう。

かくして、ローマ教皇ピウス七世（在位一八〇〇〜二三）の臨席のもと、パリのノートルダム大聖堂で皇帝の聖別《せいべつ》式（俗にいう「戴冠式」）が盛大に挙行された。歴代の皇帝は、ローマにおもむき教皇に戴冠してもらうのが伝統的な習わしだったが、ナポレオンは教皇をパリに呼びつけ、しかも教皇の手で加冠されようとした瞬間に帝冠をとりあげて自分で頭に載せた。この瞬間をとらえたルーヴル美術館のダヴィド作の絵画をみると、教皇が不満げな表情をうかべているのをみてとることができる。

皇帝位の採用と戴冠式とは、一見すると古い形式にのっとる外観をもつが、いずれも古い価値観に対抗する新しい価値観をおしだす試みでもあった。たとえば、「王」というゲルマン人の王を想起させやすい称号を放棄し、古代ローマ帝国の「インペリウム imperium」を継承するという側面を連想させる皇帝位を採用したことは、「革命」が本来「原初への復帰」を意味する点から考えると、古代ローマという理想への回帰を意味していたものと考えることができる。古代ローマ皇帝風ナポレオンの絵画や彫刻が量産されたのは、このような事情を反映している。また、先にみた聖別式のエピソードは、ナポレオンが歴代フランス王の聖別と不可分であった宗教的要素をさほど重んじていなかったことをよく示す。

皇帝姿のナポレオン（ジェラール作）

他方において、戴冠式の一件にみられるように、フランス人の代表としてのナポレオン（それゆえ正式な称号は「フランス人の皇帝 Empereur des Français」）が伝統的権威たる教皇による加冠を拒絶したことは、人民投票や民法典の制定などに具現化される近代的側面とつらなる。この側面は、皇位継承規定にもあらわれており、共和暦十二年フロレアル（花月）二十八日、つまり一八〇四年五月十八日の元老院議決は、ボナパルト家の皇位継承者が断絶した時に帝位が空位であると宣言され、元老院、帝国高官、人民により新しい皇帝が選出される旨を規定しており、それまでの王政との断絶を鮮明にしている。フランス皇帝位にこめられた新しい価値観は、オーストリア皇帝位との比較から、より鮮明に浮かびあがってくる。ナポレオンが神聖ローマ帝国の諸領邦を自陣にくみいれたり、選帝侯会議から聖界諸侯を排除したりといったことがすすむと、プロテスタントの発言力が相対的に増し、カトリックのハプスブルクが神聖ローマ皇帝に選ばれる保証がなくなった。そうしたなかで、ハプスブルク家内で世襲可能であり、かつフランス皇帝と同格であり、神聖ローマ皇帝位よりも安定した地位を創出しようとする動きがでてきた。こうして一八〇四年八月、フランツは「オーストリア皇帝」と称する旨を宣言することとなった。ただし、フランツが称した皇帝位は正確にいえば「オーストリアの皇帝 Kaiser von Osterreich」であって、「オーストリア人の皇帝」ではない。ここにはフランスのような人民裁可の観念が含まれておらず、それゆえ「フランス人の皇帝」とは異質な皇位だったということを指摘せねばならない。「オーストリアの皇帝」位には、選帝侯により選ばれる神聖ローマ皇帝位ほどの正統性も、「フランス人の皇帝」のもつ国民的合意の基盤も存在しなかったのである。

Ⅳ　ヨーロッパ支配とナポレオン一族

一族配置とナポレオン帝国

ナポレオンは、皇帝になってからも精力的に政務をとりおこなった。「不可能は小心者の幻影であり、卑怯者《ひきょうもの》の逃避所である」（一八一三年モレへの言葉）との考えかたにたち、次々と大胆な諸策を講じていった。そのなかでナポレオンのヨーロッパ政策の代表例として、保護関税によって経済的な障壁をもうける大陸封鎖がある。保護関税政策そのものはすでに革命期から実施されていたが、ナポレオン期のそれは革命期の政策をヨーロッパ規模で完成するものだった。しかし大陸封鎖は、イギリス製品を大陸からしめだし、フランス産業の市場を確保するという効果がなく挫折《ざせつ》した。

政治的・軍事的な面では、まず一八〇五年十二月にアウステルリッツの戦いで墺・露連合軍を撃破すると、翌〇六年八月には神聖ローマ帝国を滅ぼし、西南ドイツにナポレオンの保護のもとライン連邦をつくりあげた。この過程で先の大陸封鎖政策が展開され、〇七年二月には露・普連合軍（第四回対仏大同盟）を破り、ティルジット条約を結んでワルシャワ公国をつくった。こうして、あいつぐ戦勝の結果、ナポレオンはロシアをのぞくほとんどのヨー

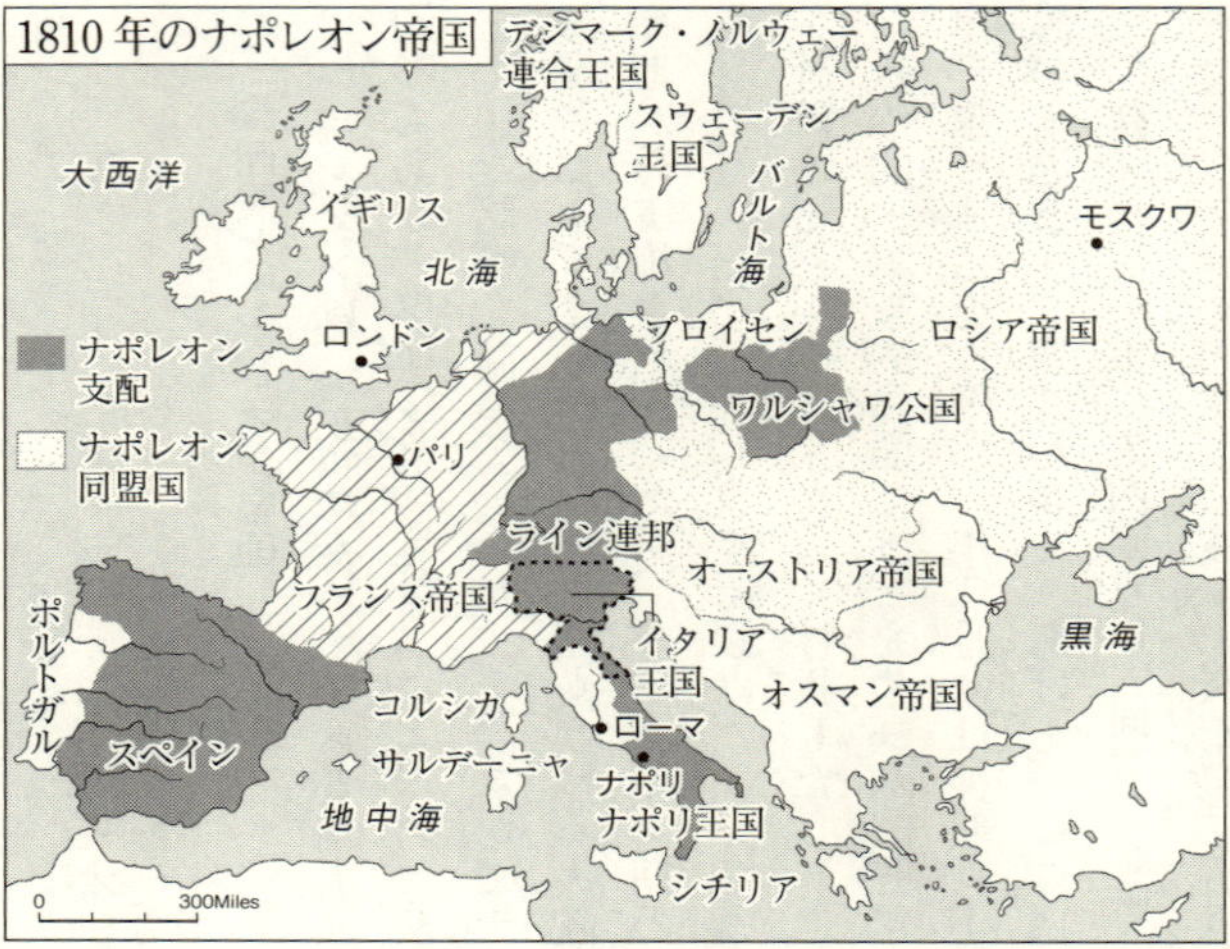

ロッパを征服するにいたった。

ヨーロッパ支配をより確実にするため、ナポレオンが各地の君主にすえるなどしたのが、自分の兄弟や一族の者であった。最初のころは親族は権力から慎重に遠ざけられていたが、兄ジョゼフはナポリ王、ついでスペイン王に、弟のルイとジェロムはそれぞれオランダ王とヴェストファーレン王にすえられた。その他、妹たちは各地の有力貴族に嫁ぎ、ボナパルト一族の権力網がはりめぐらされた。

妹たちをはじめとする親族も、同様にドイツ・イタリア諸地域の貴族などとして配置された。妹エリザはトスカーナのルッカ・エ・ピオンビーノ公妃に、ポリーヌはカミッロ・ボルゲーゼのもとに嫁いでグアスタッラ公妃となった。ジョアシャン・ミュラと結婚した

ナポレオンによるベルリン入城（1806年）

ナポレオンと近衛兵（1806年）

カロリーヌは、ベルク大公妃となったのち、ナポリ王妃となった。ナポレオンの養女となったステファニー・ド・ボアルネはバーデン大公カールと結婚し、同じくナポレオンの養子となったジョゼフィーヌと前夫とのあいだの男子ユジェヌ・ド・ボアルネは、バイエルン王女アウグステと結婚した。

大陸支配に関して自分の兄弟を頼りとしたことは、他に信頼できる部下がいないという支配者の孤独をあらわす側面でもあろう。しかし他方、それはナポレオン帝国の要所に自分の一族を配置し、従来の伝統的王朝網にくいこもうとする試みでもあった。見方をかえれば、そこには「フランス人の皇帝」という理念から多少なりとも離反する側面もあったことは指摘しておかねばならないだろう。ナポレオン体制の安定は、その支配を確固たるものとすべく意図した一族配置策そのものによって、すでに崩壊の芽を胚胎《はいたい》するものとなっていたとさえいえるのである。

さらにナポレオン体制の伝統的王朝網にくいこもうとする側面の典型例として、一八一〇年のナポレオンとマリ＝ルイズ（マリ＝アントワネットの姪《めい》、Marie-Louise de Habsbourg-Lorraine, 1791-1847）の結婚をあげないわけにはいくまい。この結婚には、ハプスブルク家との婚姻関係によりナポレオン体制の安定を図るねらいがあった。伝統的王家たるハプスブルク家の血統との合体がめざされたことは、ナポレオン帝政の成立が古代ローマ帝政の復活に理念的に結びつくことを想起すれば納得できる。なぜなら、ハプスブルクの帝冠じたい神聖ローマ帝国の流れをくむものだからである。さらにまた、ハプスブルク家との縁組みは、ヨーロッパ中の皇族・王族とつながることでもあった。

なおジョゼフィーヌについては、周知のとおり、ナポレオンとマリ＝ルイズの結婚により離婚を余儀なくされたが、彼女の離婚後の生活は保障された。彼女は離婚が避けがたいと悟るや、多額の慰謝料を手にすることに力をそそいだといわれる。じじつ、ナポレオンがマリ＝ルイズとの再婚を望んでいることを知るや、これに惜しみなく協力した。その結果、ナポレオンは離婚後も「フランス皇后」の肩書きを彼女に許し、マルメゾンの館とエリゼ宮（現在の大統領官邸）をあたえ、三〇〇万フラン（約一五億円に相当するともいう）の年金を支給した。

マルメゾンは、ナポレオンと一緒に生活していた館であり、ジョゼフィーヌは彼の部屋を手つかずのままにしていたという。しかし、このエピソードだけで判断するのは早計である。ナポレオン打倒後にパリに入城した連合国側は、ジョゼフィーヌに礼を尽くして接したが、作家の藤本ひとみなどはこのとき彼女がロシア皇帝を誘惑しようとすらした形跡のあることを指摘しつつ、「どうしようもない女」との厳しい評価をくだす（『ナポレオンの恋人たち――愛される女の条件』）。しかも彼女には浪費癖があり、それはナポレオンにとっても苦悩の種になっていたようで、「ジョゼフィーヌ皇后の散財は、私にとって苦役だった。私のような計算家は、一〇万フラン散財されるよりも一〇〇万フランあたえるほうが性にあっていたにちがいない」（セント・ヘレナ島にて）との彼自身の証言も残っている。ジョゼフィーヌは、ナポレオンがエルバ島に流された直後の一八一四年五月に亡くなった。そのとき残された借金は、三〇〇万フランにものぼったという。彼女に悲劇のヒロインというイメージをかさねる読者も多いかもしれないが、一概にそういいきれるわけではなさそうである。

ナポレオンの愛人

正妻とは別に、ナポレオンに深いかかわりをもった女性をあげておきたい。ある俗説によれば、フランス史上、ナポレオンは女好きな君主の上位五名につらなるという。その真偽は確かめようがないけれども、ナポレオンの歴史に少なからぬ痕跡を残した女性なら正妻以外にも存在する。それはまず、マリア・ヴァレフスカ（ヴァレフスカヤ、一七八六〜一八一七）というポーランド女性である。彼女は、ナポレオンの愛人のなかでも、もっとも長いあいだナポレオンの心をとらえていたといわれる女性であり、「ナポレオンのポーランド妻」とも称される。

十六世紀以来のポーランド貴族家系に誕生したマリアは、一八〇四年、十八歳でポーランドの名門貴族ヴァレフスキー伯爵（当時六十八歳）と結婚した。全盛期をむかえたナポレオンは一八〇七年、ポーランドに進軍し、そこで同国の救世主として熱狂的な歓迎をうけた。ナポレオンがこの滞在で出会った女性のなかで一目惚《ひとめぼ》れしたといわれるのがマリアである。紆余曲折《うよきょくせつ》ののち、結局マリアはナポレオンの愛人になるのであるが、このあたりの事情を理解するためには、ポーランドが大国の支配をうけつづけていたという歴史的背景をおさえておかねばならない。

もともと、ポーランドは独立の王国として、十四世紀末にヤギェウォ（ヤゲロー）朝のもとで強大になった。しかし十六世紀後半にヤギェウォ朝が断絶すると、選挙王政になり、十八世紀後半にはオーストリア、プロイセン、ロシアによって領土をうばわれ（ポーランド分割）、王国が消滅してしまった。したがって、それ以来、他国に支配されていたポーランド人にとって、大革命の理念をかかげてオーストリア、プロイセン、ロシアといった伝統的な大国に次々と戦いを挑んでいたナポレオンは、ポーランド復興の夢を託すべき救世主であった（ちなみに、のちにショパンもフランスを頼って亡命してきた）。現在のポーランド国歌に「ボナパルト」の名が登場するのは、以上の経緯が大きい。

愛人となったマリアは、ナポレオンに対し最後まで献身的に尽くすことになる。一八一〇年、マリアが男子を出産するとナポレオンは感激し、二人をパリに呼びよせた。一八一五年、ナポレオンがセント・ヘレナ島に流されたとき、ナポレオンについて行こうとしたのはマリアだけだったが許されず、パリで三十一歳の生涯を閉じた。これを聞いたナポレオンは、セント・ヘレナの地で涙したとも伝えられている。なお、マリアの息子アレクサンドルは、のちにナポレオン三世の時代に皇帝をささえ、政界の有力者として君臨することになる。

もうひとり、ナポレオンの愛人になることをきっぱりと拒絶した女性として、帝政期にパリの社交界で花形だったレカミエ夫人をあげることができる。彼女は、ナポレオンの宿敵だったスタール夫人と親密な交友関係にあった女性で、皇帝ナポレオンをふった唯一の女性だといわれている。一時は、弟リュシアンも彼女に猛烈なアプローチをしていたことがある。スタール夫人のサロンが王党派など反ナポレオン陣営の拠点になり、レカミエ夫人も彼女と行動を共にしていたため、一八一一年にパリを追放され、リヨン、ローマ、ナポリなどを転々とした。彼女がパリにもどるのは、ナポレオン没落後のことである。パリのカルナヴァレ美術館には、彼女を描いた絵画が所蔵されている。

大陸支配の結末——フランス皇帝からエルバ皇帝へ

フランスが軍事力を背景に大陸支配をつづけるうち、これに対する反感が徐々に強まっていき、ドイツのフィヒテに代表されるように各国・地域のナショナリズムが芽生えた。やがて、この動きは統一的な国民国家を建設しようとする方向にも発展していった。他方、フランス国内でも経済不振のため商工業者のなかには不満が蓄積され、農民は重税と兵役のため疲弊していた。つまり、軍事的なつまずきがナポレオン支配の命運を左右する条件がそろったのである。

このような状況にあって、ナポレオンはヨーロッパ諸地域に配置した一族が思うような役割を果たさないことにいらだつことになる。とくにスペイン王ジョゼフとオランダ王ルイなどは、自分が赴任した国の事情に共感し、その立場で皇帝の意思と合致しない行動をとるようになっていた。ここでもナポレオンに諫言《かんげん》することができたのは、母レティティア皇太后をおいてほかにいなかった。

息子よ、あなたは正しいし、また間違ってもいます。彼ら「兄弟たち」を自分と比較しているのなら正しい。あなたはこの世の誰とも比較できないのだから。……でも、彼らを他の国王たちと比較しているのなら、間違っていますよ。彼らはどんな国王たちよりも優れているのですから。……陛下、公の場ではわたくしはできるかぎりの尊敬をもってあなたに接しています。わたくしはあなたの臣下なのですから。でも、一対一では、わたくしはあなたの母親で、あなたはわたくしの息子ですよ。

ロシア遠征での敗走

しかし、いったん狂った歯車が元にもどることはなかった。一八一二年、ロシア遠征の失敗をきっかけに、ナポレオンの命運は大きく傾きはじめる。翌年には、ナポレオン支配下の諸地域でいっせいに反ナポレオンの動きが表面化し、対仏連合軍がライプチヒの戦い（諸国民戦争）でフランス軍を敗走させると、一八一四年三月にはとうとう対仏連合軍がパリに入城した。一〇年前にナポレオンを皇帝に推挙した議会は、今度は彼を見捨てて皇帝の退位を決議し、亡命中であったブルボン王家の後継者であるプロヴァンス伯を「フランス人の王」としてむかえることを決定した。ナポレオンがとりたて出世させた部下たちも、今や保身に汲々《きゅうきゅう》とし、彼に強く退位を迫り、連合軍のパリ入城からわずか四日後に退位文書への署名がなされることになった。

退位直前のナポレオンは、近しい人に「生きることに耐えられない」と漏らし、準備していた毒薬をあおった。自殺は失敗したものの、ナポレオンはまさに絶望の淵のなかでエルバ島にむかうことになったのである。四月十一日、連合軍とのあいだに締結されたフォンテヌブロ条約では、ナポレオンにエルバ島の主権、皇帝称号などが認められた。居城のフォンテヌブロで別れの演説（Adieux de Fontainebleau）をおこなったのち、六〇〇ほどの護衛兵をひきつれて、コルシカ島の東の海上に浮かぶエルバ島へとむかった。

道すがら、フランス東南部の反ナポレオン色が強かった地域を通過したときなどは、民衆層のきわめて敵対的な態度に遭遇した。ののしりの言葉はもとより、石を投げられたりもし、屈辱の旅になった。無事にエルバ島にたどりつくために、ナポレオンはオーストリア兵の軍服を着て欺かねばならなかった。

エルバ島では、母レティティアや妹ポリーヌ、ポーランド妻マリア・ヴァレフスカなども訪れ、ナポレオンの気をまぎらわせた。とくに母親にとっては楽しい旅行になったようで、失意の息子を慰める母親の役割に徹する喜びもさることながら、島ではみながイタリア語を話していたという事情も大きかったようである。彼女からすれば、フランス語よりも

退位文書に署名したころのナポレオン。戦いに疲れはてて、あきらめの表情が浮かぶ

フォンテヌブロの別れ

イタリア語のほうが、ずっと自分のいいたいことを表現しやすかった。それまでも、もちろんフランス語で会話するのに不自由をしていたわけではないものの、手紙を書くときは側近に口述筆記させていた。皇太后は、ナポレオンにわたすために自分の貴金属を持参し、ナポレオンにしたがってエルバ島にやって来た部下たちの生計費にあてられた。この母の贈りものは、「エルバ島皇帝」にとって大いに役だった。というのも、フォンテヌブロ条約によって約束された歳費の支払いがルイ十八世によって拒絶されていたからである。このような財政的困難もまた、すぐのちにナポレオンがエルバ島を脱出する大きな要因になる。

V 「ナポレオン二世」への布石

「サン・ジュール」からワーテルローの落日へ、そして伝説の誕生

ナポレオン戦争の戦後処理のために開かれたウィーン会議では、ナポレオンという共通の敵がいなくなるや、各国（英・墺・普・露・仏）の利害が衝突し、なかなか調整が進まなかった。くわえて、ルイ十八世の反動的な政治は国内の不安を増大させ、ナポレオン時代を懐かしむ声が日ましに大きくなっていった。少なくともその背景には、既述の保証された歳費が支払われず、島で生活することが難しくなっていたという事情もあった。

このような状況で、ナポレオンは島を去ることを母に告げると、レティティアはこう答えた。

行きなさい、あなたの運命のままに行きなさい。あなたは、こんなつまらない島で死ぬようには生まれついていないのですから。

二月二十六日の真夜中、わずかな手勢をひきつれた小型帆船がエルバ島を出発し、パリにむかった。このときナポレオンは、ある人にこう語った。

エルバ島からの脱出

私がフランスにブルボン王家を戻したのだから、ブルボン王家から解放してやろう……私は大事なときに運命に見放されたことはないのだ……。

「運命」という言葉が印象的である。彼にどれほどの自信があったのかは不明だが、彼をつき動かす運命が後世に多大な影響をあたえることだけは確かである。

一八一五年三月一日、南仏ジュアン湾に上陸したのち、七日にはグルノーブル南方ラフレにて国王派遣軍と対峙《たいじ》した。ナポレオンを目の前にした兵士たちは無抵抗で投降した。「兵士諸君、勇気があるなら、おまえたちの皇帝を殺すがいい！」とのナポレオンの声に、兵士たちは銃を宙にむけ「皇帝万歳」を叫んで皇帝側に寝返ったのである。同様の場面は以後もくりかえされていき、さしたる支障もなく十日には大都市リヨンに入城した。その後、十九日にルイ十八世がパリを脱出したのといれかわりに、二十日に

ナポレオンに投降する国王派遣軍兵士たち

はナポレオンがパリ入城を果たし、皇帝に復位した。歴史上有名な「サン・ジュール（百日）」である。

そのころウィーンでは、メッテルニヒがナポレオンのエルバ島脱出の報をうけるや、皇帝フランツ一世にすぐさま報告し、一時間後にはフランスへの宣戦が決定された。

二度目の退位への経緯――「ナポレオン二世」の誕生

ふたたびヨーロッパ列強との対決を余儀なくされるが、もはやナポレオンに往時の勢いはなかった。ナポレオン最後の戦いとなるワーテルローの敗戦をうけて、帝国議会では皇帝退位をめぐる論議が展開された。一八一五年六月二十二日から開始された議会審議、「退位」と「廃位」の両論がせめぎあった。みずから帝位を退く「退位」であれば、帝国憲法にのっとった皇位継承が予定されることを意味し、帝位を追われるという「廃位」であれば帝政そのものが消滅する。ジョゼフ、コランクール、ルニョなどの親ナポレオン派は、決着が長びけば議会において廃位論が力をもち、皇位継承の目がなくなるものと判断していた。

他方で、ナポレオン自身も、帝政がなくなればそのあとにブルボン王朝が復活することをよく理解していたので、それを避けるためには退位という選択しか残されていないと考えていた。弟リュシアンなどは議会の解散という強硬論を主張したが、ナポレオンはこれを制し、

退位文書に署名するナポレオン

「自分が反フランス諸国の憎悪の犠牲になる」ことを決断して、みずからの退位に前向きであった。このころのナポレオンは、息子ローマ王に執着する気持ちをなくしていたともいわれるが、最終的には「ナポレオン二世」の即位を宣言して退位することに決した。

私は、わが息子をナポレオン二世の名のもとフランス人の皇帝であると宣言する。ジョゼフ親王、リュシアン親王および現閣僚は、暫定的に政府評議会を樹立する。

しかし議会では、これをうけて「ナポレオン二世」による皇位継承をすぐに議決する運びにはならなかった。というのも、議会は摂政設置に関する審議にすぐさまうつることなく、ナポレオン二世即位の是非を延々と討議したからである。反仏連合軍がパリに迫るなか、二十四日になって議会審議が本格化し、登壇した議員たちは次々と発言した。

われわれにはフランス人の皇帝がいるのでしょうか、それともいないのでしょうか。われわれは、憲法に賛同しなければなりません。ナポレオン一世は、この法のもとで統治したのです。したがってナポレオン二世はわが君主なのです。(ジヌ＝ドゥフェルモン)

敵がパリに行進しています。ナポレオン二世を宣言しようではありませんか。軍隊は、ナポレオン二世のため国民の思いのままに行動することでしょう。……国民の軍は、ルイ十八世のもとで辱められたことを覚えています。(ムトン＝デュヴェルネ)

こうした親ナポレオン派の主張に対しては、反論もなされた。

退位をうけいれるとすれば、皇帝が祖国を救済することが可能だという考えは絶望的ですから、英雄に期待しうることを子どもに期待するのは道理にあいません。(デュパン)

しかし、フシェ(Fouché)の腹心でもある議員マニュエルが登壇したとき、議会の大勢は「ナポレオン二世」を宣言すべきであるという意見に傾いた。

もし連合軍が若い皇帝に対して反発するとすれば、われわれ議会は祖国の諸利害にもっともふさわしい願望を犠牲にせざるをえなくなりましょう。祖国の諸利害は、つねに一個人のそれに優先されるのですから。

このように述べて、マニュエルは法にもとづいてナポレオン二世の皇帝即位を宣言することを主張し、議会に承認させた。この議決の内容は、すぐさま全国に掲示された。ただし、ここに掲示された内容には、ナポレオン二世の統治が実現されない場合の方針も巧みにそれとなく挿入されていた。

［ナポレオン二世の］帰還を待つあいだ、政府委員会が諸事をとりおこなうものとする。委員は議会によって任命される。政府委員は、平和条約を締結し、世界とフランスとに平和をもたらすために諸外国と交渉する。

要するに、議会がナポレオン二世の皇位継承に同意をあたえることができたのは、マニュエルの提案がナポレオン支持者を安堵させると同時に、ブルボン王家の復帰にも道を開くという二重の含意をもつからであった。それは、マニュエルをつうじて行動したフシェの策略でもあった。じじつ、すでに六月二十日の段階で、ウェリントンは連合軍が「フランス国王陛下の同盟軍」であることを宣言しており、たとえ「政府委員」が連合軍と交渉したとしても、ナポレオン二世の皇位継承が合意される望みは皆無に等しかった。フシェは、ナポレオン二世の名において国内の混乱を回避しつつ（パリの民衆街や、とくに軍隊内には「ナポレオン二世万歳！」の声が強かった）、王党派との接触を図りながら連合軍との交渉をすすめた。

ローマ王

二十五日、ナポレオンは退位してエリゼ宮を去り、七月七日に政府委員会は解散した。ナポレオン政権といれかわるようにして、ルイ十八世が翌八日にパリに到着した。復古王政の再開である。このようにして、ナポレオン帝政は永遠に葬りさられたかにみえた。しかし、「ナポレオン二世」の統治は、それが理論的なレベルであるにせよ、六月二十二日（ないし二十四日）から七月七日まで存在したことになる。この約二週間という短い歴史的経験はフランス近代史に「ナポレオン三世」登場という形でその影響をおよぼすことになるが、それは三七年後のことにである。

セント・ヘレナ流刑――届かぬ母の願い

一八一五年六月、ワーテルローの戦いに敗北してふたたび退位したナポレオンは、今度はヨーロッパから遠くはなれた南大西洋の孤島、英領セント・ヘレナ島に配流された。その島で、住居のあるロングウッドにおいてわずかな随行員とともに、何をするでもなく寂しい日々を送ることになる。

フランスを脱出した母レティティア皇太后は、ローマ教皇ピウス七世の好意によりローマに滞在することになるが、八月になってようやくわが子が大西洋の孤島に流刑の身になったことを知った。それからというもの、彼女は息子のもとに行きたい旨を各方面に懇願した。

言語を絶するほどの苦しみにうちひしがれている母親は、長く国王と皇帝の諸陛下の会議が幸せをあたえてくださることを期待してきました。……ナポレオン皇帝は、もはや恐るべき存在ではありません。彼は無力です。(ローマ、一八一八年八月二十九日付)

それは、素朴に息子の健康を気遣う母の願いにすぎなかったが、ヨーロッパ列強によって一蹴《いっしゅう》された。

一八二一年五月五日、ナポレオンはそこで静かに息をひきとる。その知らせがローマの母に届いたのはようやく七月十六日のことだった。しばらく虚脱感に襲われたレティティア皇太后は、八月半ばになってようやく意を決し、ナポレオンの遺骸をひきとるためにイギリス政府と交渉したいとの願望を表明した。

セント・ヘレナ島に移送されるナポレオンを興味深そうに見守るイギリス兵

> 皇帝ナポレオンの母は、息子の遺骸ひきわたしをその敵に要望します……。動かぬその遺体を抱きしめることが私には必要です。

皇太后の懸命な働きかけにもかかわらず、イギリス首相に送られたこの願いもまたかなえられることはなかった。ナポレオンの遺骸のフランス帰還が実現するまでには、さらに二〇年ほど待たねばならない。

コルシカ独立を夢みた異邦人ナポレオン少年は、いくたびかの紆余曲折をへてフランス皇帝にまでのぼりつめた。彼が、既存体制の機能不全を代替すべく、従来みられなかったような新しい政策にも果敢にかつ大胆にとりくむことができたのは、まさに異邦人としての客観的な視線をフランスにむけることができたからであろう。その姿勢は、国境を越えてヨーロッパ各地へと波及した。ナポレオン戦争は、そうした側面が遭遇した軋轢《あつれき》の痕跡でもある。しかし、ナポレオン戦争は、大革命を輸出するというポジティヴな側面をもった反面、征服戦争の様相をも呈することになり、結果としてヨーロッパ各地の国民感情（ナショナリズム）を高揚させる結果をまねいた。

他方で、帝政崩壊後はフランス国内において農民層を中心に根強いナポレオン崇拝が残存し、ナポレオンという記号がナポレオン自身のいなくなったのちにも機能しうる条件をととのうことになる。このうち、後者の側面は、彼亡きあとのフランスにおいて、息子「ナポレオン二世」の悲哀ともあいまって「ナポレオン三世」登場の素地になっていくのである。

ナポレオンの臨終

第2章　ドイツ貴族になったナポレオン——ナポレオン二世

一八一一年三月二十日、ナポレオンとマリ＝ルイズのあいだに待望の男子が誕生した。ナポレオン皇帝家の嫡子であるその子どもは、「ローマ王」と呼ばれた、のちの「ナポレオン二世」である。しかし、幼少のローマ王は、父ナポレオンの命運と連動する形でその人生を翻弄《ほんろう》されることになる。しかも、彼はただの少年ではない。ナポレオン帝国の正統な継承者であったがゆえに、ボナパルト家の成員やボナパルト派が彼に熱い視線をむけることになるのはいうまでもないが、ナポレオンを倒したヨーロッパ列強にとっては警戒すべき少年であった。これが彼の人生にとっての悲劇をなす。この悲劇のありようをみる前に、まずはローマ王をとりまく国内外の情勢について理解しておきたい。

I　ウィーン体制下のボナパルト一族

国際状況——ウィーン体制とナショナリズムの高揚

ナポレオン没落後のヨーロッパ国際秩序は、再開されたウィーン会議において英・墺・普・露・仏を軸とする大国中心主義と勢力均衡の原則にたって編成された。この国際秩序をウィーン体制といい、または、会議の指導的役割をはたしたオーストリアの外相メッテルニヒにちなんで、メッテルニヒ体制ともいう。ウィーン体制はフランス革命・ナポレオンを否定し、これに先だつ時代を理想とする復古的な性格を強くもったが、大革命期より解き放たれた自由主義やナショナリズムの伸長と対峙することにならざるをえず、最初から動揺の種子を胚胎した体制でもあった。とくにヨーロッパの広範な地域において展開したナショナリズムの運動は、旧来の君主制に立脚するウィーン体制の根幹を大きく揺るがすことになる。

すでに述べたようにナポレオン戦争をきっかけに、ヨーロッパ各地ではナショナリズムが高揚していた。それは、スペイン、ドイツ、イタリア、ポーランド、オーストリア、オスマン帝国支配下のバルカン半島などにわたっていた。こうしたナショナリズム運動は、一八一四～一五年のウィーン会議がめざした正統主義と大国の勢力均衡を基本方針とする国際秩序のもとで抑圧されていく。

一八二〇年代前半には、ドイツでブルシェンシャフト（学生運動）、イタリアでカルボナリ（秘密結社）による抵抗がみられ、ロシアでは一八二五年にデカブリストの乱（自由主義貴族の革命運動）がおきた。一八二一年には、ギリシア独立戦争が勃発し、三〇年のロンドン会議をへて、三二年に宗主国トルコが同意してギリシアの独立が成立した。一八三〇年には、フランス七月革命の影響下にベルギーがオランダから独立し、ドイツ、イタリア、ポーランドを中心にナショナリズム運動が再燃した。

その後、十九世紀中葉に近づくにつれて、このウィーン体制そのものは動揺し、一八四八年にフランスで勃発した二月革命によって決定的に崩壊することになる。なぜなら、フランスでの革命はすぐさま近隣諸国に飛び火し、オーストリアを中心とするハプスブルク帝国、プロイセン、イタリア半島などでナショナリズム運動が高揚することになったからである。同年五月には、フランクフルト国民議会でドイツ統一が討議され、大ドイツ主義と小ドイツ主義の対立が先鋭化した。さらに、一八五三〜五六年のクリミア戦争の結果、ルーマニアが独立することになる。多民族国家であるハプスブルク帝国では、二月革命を契機に領内のハンガリー（マジャール人）、ベーメン（チェック人）、北イタリアなどで独立運動が高揚し、宰相メッテルニヒはイギリスへの亡命を余儀なくされた。イタリアではサルデーニャ王国が先頭にたってイタリア統一をめざし、オーストリアと戦うが翌年敗れた。ドイツ、イタリアが統一国家として出現するのは、それぞれ一八七一年と一八六一年のことである。

以上にみる中長期的なナショナリズムの高揚のなかで、ナポレオン一世をヨーロッパから排除した神聖同盟の列強諸国もまた大きな影響をうけた。フランスはいうまでもなく、オーストリアをはじめとする神聖ローマ帝国でも旧来の支配体制が変貌《へんぼう》をこうむったため、ローマ王すなわち「ナポレオン二世（のちに「ライヒシュタット公」）」をはじめナポレオン一族や主だったボナパルト家の面々もまた大きな歴史のうねりにまきこまれることになる。

ヨーロッパに散在するボナパルト一族

ナポレオンの失脚後、彼の兄弟姉妹たちはフランスを追われおのおの数奇な運命をたどる。ボナパルト家追放令によって、彼らはフランス国内にとどまることを阻止されたからである。

ジョゼフ

長兄ジョゼフは、ナポリ王（一八〇六〜〇八年）、ついでスペイン王（一八〇八〜一三年）を歴任したのち、「シュルヴィリエ伯 comte de Survilliers」の名でフィラデルフィア、ニューヨークで一時生活し、その後ロンドン、フィレンツェを転々としたあげく一八四四年に他界した。なお、その遺骸は甥ルイ＝ナポレオン、すなわちのちのナポレオン三世によって一八六二年にパリにうつされることになる。政治活動から身をひいたのちは、一八三〇年まで政治に関心をみせること

ルイ

リュシアン

がなかったとみられるのが一般的である。しかし、後述するように、筆者のみるところナポレオンの兄弟たちのなかでおそらくもっとも主体的かつ自覚的にボナパルト家の復権にむけ、活発な動きをみせた人物であったと考えられる。

リュシアンはブリュメール十八日のクーデタにおいて五百人会議長としてナポレオンに助力したすぐ下の弟であるが、一八〇三年に両替商ジュベルトンの未亡人アレクサンドリヌ・ド・ブレシャンと結婚したことがナポレオンの意に反するものであったため、翌年ローマへの亡命を余儀なくされ、皇位継承権者からもはずされた。晩年はフラスカーティ近郊において文学三昧《ざんまい》の生活を送るが、一八四〇年に胃ガンで他界した。

その次の弟は、幼少期にナポレオンみずから子守をしていたルイである。ナポレオンのイタリア遠征、エジプト遠征に副官として同行した。一八〇六年にオランダ王に抜擢されたものの兄の大陸政策には反対の立場をとり、一〇年に退位してボヘミアへと亡命した。帝国崩壊後は、妻オルタンスと別居生活を送りつづけ、ローザンヌ、フィレンツェへと転々とした末にリヴォルノで他界する（一八四六年）。

末弟ジェロムは唯一ルイ＝ナポレオン（のちのナポレオン三世）と行動を共にすることになる人物で、一八〇七年にヴュルテンベルク王国の王女カタリーナと結婚し、ヴェストファーレン王になった。ワーテルロー後、トリエステ、ローマ、フィレンツェなどを転々とし、政治活動にかかわることはなかった。二月革命を機にパリ帰還を果たし、アンヴァリッド総裁、元老院議長を歴任したのち、一八六〇年に他界、アンヴァリッドに埋葬された。ナポレオン四世の死後にボナパルト家当主となるのは、このジェロムの家系である。

ジェロム

姉妹たちについても付言すると、トスカーナのルッカ・エ・ピオンビーノ大公妃となった長女エリザは、ナポレオン没落にともないオーストリアによって財産を差し押さえられ、エルバ島を脱出

ポリーヌ

エリザ

した兄に合流しようと画策するもボローニャにおいて拘束され、オーストリア当局の監視下におかれた。晩年は、メッテルニヒの仲介でトリエステに滞在することになるが、一八二〇年に当地で他界する。

ポリーヌは、ローマ教皇パウロ五世を輩出したボルゲーゼ家出身の夫カミッロと結婚していたが、そののち数年間の別居生活を送ることになった。彼女は、ナポレオンにもっともかわいがられた妹だったといわれ、セント・ヘレナ島に兄を訪れたり、ナポレオンの処遇改善のためにイギリス当局に働きかけをつづけた。夫との関係は、教皇ピウス七世の働きかけで好転したが、夫のいるフィレンツェにうつり住んだのち、まもなく体調を崩し、一八二五年に他界する。

ミュラ元帥を夫にもつ末妹カロリーヌは夫の死

カロリーヌ

後、一八一五年六月からオーストリア当局の監視下でトリエステで捕虜生活を送った。七月革命を機にフランス政府からパリへの帰還を許され、年金をもらいうけることになった。しかし経済的に苦しく、ジェロムとは金銭のことでけんかし絶交している。一八三七年からはフィレンツェにうつり住み、最後は胃ガンでひとり寂しくこの世を去る。

以上のとおり、ナポレオンの兄弟姉妹たちはヨーロッパ各地に散在することを余儀なくされ、フランス国内の政治に関与することができなかった。ましてや、ボナパルト家の当主たるべきローマ王が行動の自由を制約されていたため、彼らに明るい希望が待っているとはつゆほども考えられなかった。ナポレオンの歴史に新たなページがくわわるには、いましばらくの時が必要であった。

白色テロの嵐

ブルボン王朝による復古王政のもとでは、「白色テロ」と呼ばれる反ナポレオン的な粛清の嵐がフランス全国を席巻《せっけん》した。それは、下からの自然発生的な粛清と、国王政府側からの弾圧とにわけることができる。そもそも「テロ」とは、「恐怖」という意味をもつフランス語《terreur》を語源とし、もともと大革命期の恐怖政治を意味していた。そののち、復古王政期にナポレオン支持者が弾圧された事件に転用され、ブルボン王家の象徴色である白の語を冠して「白色テロ」と呼ばれた。いずれの「テロ」も反対者を弾圧し、ひいてはその者たちをこの世から抹殺することさえも厭《いと》わない暴力的な特徴をもつ。現代多く使用される「テロ」という用語法も、もちろんこの「テロ」を語源としている。

まず自然発生的な粛清、すなわち反ナポレオン感情の暴発という側面である。一八一五年、民衆による白色テロが、南仏を中心にまきおこった。マルセイユでは、ブリュヌ元帥が惨殺され、市中をひきまわされたあげくにローヌ川に投げこまれた。トゥルーズでは、ラメル将軍が惨殺された。こうした世論の突きあげを前に、当局も親ナポレオン派とみなした人物を標的として、ネー元帥とサン・ジュールに協力的に行動したラベドワイエールが処刑された。

第二には、法制化にもとづく当局による弾圧である。一五年八月に成立した新議会は「またとみいだしがたい議会」とも形容され、議員の九割ほどが地方小貴族など無名の新人によって占められ、熱狂的王党派の立場から革命派とナポレオン派への厳しい弾圧を要求した。その結果、一般治安法、扇動的言辞・文書に関する法律、臨時即決裁判所設置法、恩赦法（恩赦対象外者リストを作成し、追放立法として機能）などの立法措置が次々と議決され取締りが強化された。「皇帝万歳」の叫びは国王への侮辱、帝政時代の徽章《きしょう》を身につけることは国王政府への挑戦とみなされた。たとえば、レンヌでは退役憲兵が着用していたフロックコートのボタンに「帝国憲兵隊」との表示があったために、それが扇動的であるとみなされ、年金を一二分の一減額されたうえに三か月の拘留処分となった。また他の者は、ナポレオンの横顔がはいったメダルをみせびらかしたという理由で一年間の拘留のうえ罰金四〇〇〇フランを命じられ、さらには二年間の公民権停止と保護観察処分をうけた。カルカソンヌでは、生きた鷲《わし》とともに帝政時代の紋章が焼却処分にされるなどした。その他、市町村長や行政各部局の官吏も粛清の対象となり、多くの者が排除された。処分された官吏の実数は、全体の三分の一から四分の一にのぼるともいう。

白色テロが吹き荒れるなか、親ナポレオン派によるものと推測される抗議行動も各地で頻発した。この運動は、復古王政期をつうじて観察されるが（二〇九四件）、ナポレオンがセント・ヘレナ島に流された一八一五年にもっとも多く約四〇%が発生している。次に多いのが、ナポレオン死去の翌年からの二年間で、その発生率は一五%前後である。このように、ナポレオン没落後のフランスは、大革命・ナポレオンを支持する勢力とこれに反対する過激王党派のあいだの深刻な対立によって特徴づけられる。したがって、のちに成立する七月王政は、こうした政治的対立をいかに回避して安定的な体制を構築するかという課題に直面しなければばならなかった。

II　ウィーン宮廷での生活

ローマ王の誕生

ナポレオンの二番目の正妻マリ＝ルイズは、オーストリア皇帝フランツ一世の娘で、大革命期に処刑されたマリ＝アントワネットの甥の娘にあたる。さらに、このハプスブルク家のオーストリア帝国には、ナポレオンがフランス皇帝になるや神聖ローマ帝国が崩壊して成立したという経緯がある。つまり、マリ＝ルイズは結婚前からフランスと因縁浅からぬ関係をもっていたわけである。

ハプスブルク帝室は、フランス革命勃発いらいフランスと敵対し、ナポレオンとも戦ってきた。ナポレオンが台頭してくると、幾度もナポレオンに攻められ、そのたびにマリ＝ルイズはウィーンを逃げださねばならなかった経験をもつ。最初にナポレオンがオーストリアを攻めたとき、彼女はまだ五歳で、ナポレオンについては恐怖のイメージをもつようになっていたことであろう。それが、今回は結婚相手になったのである。そもそもハプスブルク側には、これ以上フランスと戦う余力がなく、マリ＝ルイズを結婚相手に求めるフランス側の要請を拒否するわけにはいかなかった。それどころか、いまやヨーロッパを支配するナポレオンと姻戚関係になれば、事態が有利に動くにちがいないという算段もあったろう。こうした経緯から、一八一〇年四月一日、彼女が十八歳のときナポレオン（四十一歳）と政略結婚することになったのである。

マリ＝ルイズは、フランス国内ではジョゼフィーヌほど評判がよくなかった。もともと彼女は、宮廷育ちで高慢なところがあり、フランス宮廷内では反発をいだく人びとが少なくなく、ナポレオンの兄弟たちさえも反マリ＝ルイズ派に回っていた。逆に、ナポレオンは、このハプスブルク家の姫にかなり気をつかい、機嫌をとろうとしていたようで、公務を後まわしにして舞踏会、観劇、狩猟などに精をだしていた。マリ＝ルイズが皇后になってからというもの、宮廷には旧貴族が多く採用されるようになっていたが、しだいに政府の要職にも旧貴族が登用されていく。

マリ＝ルイズ

ローマ王、つまりのちのナポレオン二世が誕生したのは、このような状況においてである。一八一一年三月に生をうけた待望の男子は、いうまでもなくナポレオン皇帝家の嫡子であるが、ナポレオンにとって別の意味もあった。なぜなら、ナポレオン自身が血筋という点で劣等感をもっていたのに対して、この子どもは将来のフランス皇帝であるばかりでなく、ハプスブルク家の血をひく子でもあったからである。いまやナポレオンは、血筋のうえでヨーロッパの古い伝統を誇る君主たちの仲間にはいったのである。

ナポレオン自身の期待とは裏腹に、彼の命運はしだいに傾いていく。没落の要因としては、従来、判断力低下、軍事力低下などが指摘されてきたが、それにくわえてマリ＝ルイズとの結婚も一考の余地がある。なぜなら、ナポレオンの没落は、時期的にいえばまさしくマリ＝ルイズと結婚してからのことなのである。一八一二年のロシア遠征失敗がそのよい例である。オーストリア皇帝フランツ一世も、自分の義理の息子になったナポレオンに味方したわけではなく、機会をうかがってはマリ＝ルイズを使ってナポレオンの動きを狂わせようとも図っていた。ヨーロッパの古い血筋をもつ君主たちは、ナポレオンを自分たちの身内だとはみなさなかったのである。そのあたりが、ナポレオン本人の認識とのギャップだったといえるだろう。

そののちナポレオンが皇帝を退位してエルバ島に流されるころ、一八一四年四月にマリ＝ルイズはローマ王をつれオーストリアに帰ってしまう。このころマリ＝ルイズは、ナポレオンに宛てて「この世で私ほどあなたを愛している人はいない」との手紙を送っている。これがどれほど彼女の真意をあらわしていたのか定かではないが、一説に彼女はエルバ島に会いに行こうとさえ考えていたともいわれる。しかし逆に、彼女がナポレオンの話題を聞きたがらなかったという話も伝わっており、真相は闇《やみ》のなかにある。ただし、ナポレオンのエルバ島脱出の報を聞いた彼女が父親に宛てた手紙を読むと、ある程度、彼女の本心がどこにあるのか察することはできる。

ヨーロッパの安寧を脅かす新たな危機の時に、……わたくしと息子のためには、お父様の温情にすがる以上に確実な逃げ場所、心休まる隠れ家は望めません。世界でもっともいとおしい存在と一緒に逃げるのは、わたくしの最愛のお父様、あなたの腕のなかしかないのです。

その一方で、オーストリア皇帝政府はというと、ナポレオンとの結婚がローマ教皇の許可を得ていないから無効である、それゆえナポレオンの子は私生児であると解釈するなどして、二人をひきあわせることを断固として阻止しようとした。そうした経緯から、マリ＝ルイズがナイペルクというオーストリア軍人との仲を深めたことは前向きにとらえられたし、結果的に、彼女はナイペルクとのあいだに二子をもうけたから、フランツ一世としても満足であったろう。
ワーテルローの敗戦を聞いてからまもなくのこと、モントベロ公夫人に宛てて、「わたくしは、息子をまったくもって忠誠心をもつ勇敢なドイツの王子にしたいと思いますし、彼が成長したときには自分の新しい祖国に尽くすことを望んでいます」という思いを吐露した。その後、一八二一年、セント・ヘレナ島でナポレオンが死去する。ナポレオンの死を知ったのは二か月後の七月、新聞紙上においてであった。そのとき友人に宛てた手紙には、こうある。

わたくしは、それにひどく動揺しました。彼に対して特別の強い感情はもちませんでしたが、彼が息子の父親であるということ、彼が世間で思われているほど、わたくしに対する処遇が悪くなかったということは忘れられません。……彼がキリスト教的なしかたでその不幸な生涯を終えたということを喜ばねばなりませんが、もっと長く幸せで生きてほしかったと思います。ただしそれは、わたくしから遠く離れたところで、の話です。

ここにはナポレオンに対するかなり冷めた感情を垣間みることができるが、その時点では、もはやフランス皇后としての自分を捨て去っており、ナポレオンに対してまったく未練をもっていなかったということだろう。実際、マリ＝ルイズはそれまで保持していた「フランス皇后」の称号を一八一六年に放棄している。また、ナポレオンの存在がなかったかのように、彼女はナイペルクと、ナポレオンの死をうけてすぐさま正式に結婚した。一八二九年にはふたたび未亡人になるが、息子ローマ王死後の一八三四年には、オーストリア軍のフランス人将校ボンベル伯爵と三度目の結婚をした。この母についてローマ王は、「私の母は、私の父にふさわしくない女性だった」と冷静に述べている。

籠のなかのプリンス

ナポレオンの没落後にパルマ公となったマリ＝ルイズは、ウィーン会議により息子のローマ王をパルマにつれて行くことが認められていた。しかし、オーストリア皇帝フランツ一世は彼をウィーンからだそうとはせず、ボナパルトの血脈がイタリアの君主になることを危険視して、ローマ王がマリ＝ルイズのパルマ公位を相続することを避けた。それどころか、周囲の者がローマ王の過去について本人に話をすることさえも禁止された。フランツ一世にとって、ローマ王はかわいい孫であると同時に、屈辱のシンボルでもあった。だからこそ、彼からナポレオンの痕跡を徹底的に消したかったのだろう。それゆえ彼は、孫の身辺からナポレオンを想起させうるあらゆる痕跡を消しさろうとさえ試みた。

現在にいたるまで形づくられてきたものの存在を彼に思いださせる可能性のあるものをすべて遠ざけることが必要である。……私が思うに、教育の任が私に託された王子は、ドイツ風に養育されたオーストリア人の子孫とみなされなければならない。

ローマ王（ナポレオン二世）

ローマ王は、一八一七年十二月四日にはフランツ一世からボヘミアに所領をもらいうけ、その後もプファルツに若干の所領をあたえられるなどして安定した収入（五〇万フランともいわれる）がえられるようになり、名前がドイツ風に「ライヒシュタット公」と改名された。これらの処遇もまた、ローマ王にナポレオンのことを考えさせないようにするフランツ一世の意向を反映していた。このころローマ王はフランツ一世の要望どおりに育っていたようで、宰相メッテルニヒは「ナポレオン二世はオーストリア貴族にすぎない」とまで断言するほどだった。

「ライヒシュタット公」としての生活は、以上のようにナポレオン色を消しさる過程でもあったが、その過程で子どもの教育という面で大きな影響をあたえることが期待されたのは家庭教師の役割だった。一八一六年二月以降、フランスから連れてきたお伴の者たちは次々と解雇され、かわってヴェネツィア貴族がライヒシュタット公の周囲をとり囲みはじめたが、ベートーヴェンの友人でみずからも作曲家である軍人のディートリヒシュタイン伯爵が家庭教師に任じられたのはまさにこの時だった。それは、一八一五年六月三十日、つまりローマ王が「ナポレオン二世」として理論上「フランス人の皇帝」の地位にある時期のことである。

ディートリヒシュタイン伯爵の仕事は、フランツ一世の意に沿うようになされ、ライヒシュタット公から過去の記憶を消しさることに重点がおかれた。しかし、ナポレオンとしての記憶を消しさろうとする祖父フランツ一世の方針は、十分には貫徹されなかった。ライヒシュタット公は、自分の父親がどんな人物なのか知りたくなり、側近を困惑させることが少なくなかったようである。フランツに孫の養育状況をまめに報告していた家庭教師ディートリヒシュタインは、ライヒシュタット公の変化を観察して、次のように書き残している。

朝と晩の祈りの際、公はいつもまず父親の名前を呼ぶのです。もちろん、それに対して誰も何も言いませんでしたし、彼もまた何も質問することはありません。

伯爵の証言が物語るように、当初の教育方針からすれば厄介な状況にあったことはまちがいなく、公がすべてを理解するようになるのは時間の問題であったとさえいえる。実際、公は周囲の人びとだけでなく祖父フランツ一世にまでナポレオンについての質問をするようになっていき、公の側近のなかには、つい本当のことを話してしまう人もいたようである。そのような事情から、ディートリヒシュタイン伯爵は、マリ＝ルイズに宛てた手紙にこうしたためるしかなかった。

マダム、私はくりかえし言わねばなりません。王子が自分の父親についてほぼすべてを知っているということをです。

ライヒシュタット公の再教育の過程において、もはや彼のなかで父親の存在が大きくなっていくのを止められる者はいなかったというしかない。

ところで、ライヒシュタット公への教育は、徹底的にナポレオンの記憶を消すことではあったが、フランスを忘れさせることではなかった。貴族が当時のエリート語であるフランス語をもちいることは一般的であったし、実際にディートリヒシュタイン自身も、右にみるマリ＝ルイズに宛てた手紙をフランス語で書いている。つまり、ライヒシュタット公は極端なドイツ化教育をうけたわけではなく、他のハプスブルク家の王子たちと同じように教育されたのである。その結果、すでに一五年十月の時点で、次のマリ＝ルイズ宛書簡にみるように公の語学力はみるべき向上を遂げつつあった。

公はフランス語と、とくにドイツ語をみごとなまでに読むことができますので、書く練習をさせることを考えねばなりません。

こうして、公に対するフランス語教育はドイツ貴族として修得すべき教養を身につける一環としておこなわれ、後述のとおり、公みずからもごく自然とフランス語で書くという行為へとすすんでいった。ただ他のオーストリア皇族と異なるのは、彼がつねに監視されていたということ、母親と一緒に暮らせないということだった。彼の孤独は想像するにあまりあるし、そのような孤独にあって彼のなかに父ナポレオンへの思いが時とともに募ったとしても不思議ではない。

ナポレオン死去の知らせと公の動揺

セント・ヘレナ島においてナポレオンが死去したのが一八二一年五月五日のこと、この知らせは七月二十二日にようやくライヒシュタット公の耳に届いた。このときのライヒシュタット公の反応を、ナポレオン戦争を戦った経験をもつフォレスティなる人物が、マリ＝ルイズの再婚相手となるナイペルク宛の手紙に書き残している。

私は［ナポレオンの死を伝えたのが］晩の平穏な時間帯だったと思います。［知らせると］自分の父親に会ったことのない子どもには思いもかけないことでしたが、大量の涙があふれでていました。

これ以降、ライヒシュタット公はナポレオンの名前を口にしなくなったといわれる。その理由は定かでないが、歴史家ジャン・ド・ブルゴワンによれば、それまで秘密にされていた自分の父親の居場所が死の一報によって氷解したからだという。あるいはまた、彼が父親についての質問をするとき、決まって周囲の者たちが狼狽《ろうばい》していたことや、宮廷内に充満する反ナポレオンの雰囲気を察知したためだという解釈もなりたつ。いずれにせよ、ナポレオンの死によって、ヨーロッパ中の視線がボナパルト家当主となったまだ十歳の少年に集まることとなり、公自身は自分のおかれた立場を否が応でも自覚したことであろう。少なくとも、ライヒシュタット公のなかで、ナポレオン継承者としての自分がどうあるべきかという思いをめぐって、本人にしかわからない何かが変化したことだけは確かなように思われる。そのことは、次節にみるとおり、あまりに短い残りの人生に凝縮されていくことになる。

Ⅲ　大ナポレオンの後継者としての自覚の高まり

ナポレオン伝説の広がり

ナポレオン死去の知らせは、国内に大きな反響をおよぼした。とりわけ農村では、ナポレオン崇拝に近い感情が充満し、ナポレオンをめぐるさまざまな憶測さえ飛びかっていた。この現象を、研究者はナポレオン伝説と呼んでいる。たとえば、ルイ十八世の侍従ジャン・ラップは悲嘆にくれて、王のそばにいるにもかかわらず大粒の涙を流しつづけたという。農村では、ナポレオンの死がなかなか信じられず、セント・ヘレナ脱出の噂《うわさ》さえどこからともなく流布していたともいう。

ナポレオンの軍隊を構成していた兵士たちの多くは、農村から徴兵された青年たちであり、ナポレオンが没落したのち農村へと帰還していった。農村でナポレオンが理想化して語られ

聖ナポレオンの日（8月15日）、子どもたちにナポレオンの思い出を語るある退役兵の様子

るのも無理からぬことだろう。バルザックの小説には、農村に帰った老兵がナポレオンの時代や彼との従軍体験を語り伝える様子が詳細にちりばめられている。ベランジェの石版画では、ある農民の自宅でイエスと聖母マリアの像のかたわらにナポレオン像がおかれたようすが描かれる。また他にも、ある農家を訪れた司祭に対して、暖炉の後方にかけられたナポレオンの肖像画を指さして「ほら、みてください。司祭様、私にとってはあの人こそ父なる神なのです」と語った農民の事例も残る。

現行の体制に対する不満は、えてしてナポレオン時代を理想化するという方向にむいていった。時とともに、ナポレオンとその時代に関する理想化がすすみ、虚像さえもつくられ流布していった。近代フランス史に不可欠のページをくわえるナポレオン伝説という現象である。このナポレオン伝説がいつ誕生したのかということをにわかに断言することはできないが、少なくとも「サン・ジュール」の経験は、ナポレオン伝説をフランス人の心象風景のなかに深く根づかせる役割を果たしたと考えられる。それは、ただ単に過去に対するノスタルジーにとどまるわけではなく、現実政治を動かす力として機能する可能性も十分に秘めていた。その意味で、サン・ジュールは、その期間の短さにもかかわらずフランスの十九世紀史においてきわめて重要な意味をもつ。

七月革命と「ナポレオン」待望論

帝政ののちに王政を復興したブルボン王朝は、反仏連合国の手先と考えられ、国内的な評判はけっしてよくなかった。さらにシャルル十世の治世（一八二四～三〇）では、聖職者と貴族を保護するなど、大革命前のしくみを理想とする露骨な反動政治が展開され、自由主義者の反発が強まった。一八三〇年七月、シャルル十世はそのような自由主義者が多く当選した議会を解散したため、国内の反発が最高潮に達した。このときパリで市民の蜂起《ほうき》が発生し、わずか三日間の市街戦の末にシャルル十世は難を逃れて逃亡した。この「栄光の三日間」と呼ばれる革命により、突如として権力の空白状態が生じ、ブルボン復古王政にかわる新たな体制が模索されることになった。

結果的にいえば、この七月革命は、オルレアン派と呼ばれる自由主義者が権力をにぎり、ルイ＝フィリップを国王として迎えて終わりを告げる。しかし革命勃発直後には、革命を主導できる有力な政治勢力があるわけではなかった。このとき蜂起した革命派のなかには、「ナポレオン二世万歳！」というスローガンが聞かれることも珍しくなかった。既述のナポレオン伝説はナポレオン崇拝熱を高揚させていたが、それ以上に重要なのは、ブルボン王家にかわる現実の政治的選択が迫られる場面において、ナポレオンの名が無視できぬ重みをもちえたということである。いいかえればそれは、七月革命勃発時に、ナポレオン二世によるフランス帝国復興という選択肢も十分に残されていたことを意味する。

もっとも、ナポレオンの名が君主として復活する可能性のある国は、フランスだけではなかった。七月革命の影響により、とくにベルギー、イタリア、ポーランドなどでは独立の気運が高まり、その旗頭としてナポレオン二世に期待する向きがあったのである。

ベルギーは、もともとハプスブルク支配下のネーデルラントの一部だったところであり、その後フランスに編入された経験をもつ。フランス七月革命の勃発をうけ、はやくもその年の八月にはオランダからの独立をめざす蜂起がもちあがっていた。

ポーランドでは、十一月の蜂起により旧ナポレオン軍の将官としてロシア遠征にも参加したことのあるフウォピツキ（Jozef Chłopicki）を中心に臨時政府が樹立された。既述のとおり大国に支配されてきた歴史をもつポーランドでは、ナポレオンに関して、ロシア支配からの解放者としての肯定的な記憶が鮮明に残っていたのである。

翌年二月にはロマーニャにはじまる民衆蜂起がマリ＝ルイズのパルマ公国にも波及し、彼女は一時幽閉の身に陥った。ナイペルクと死別したばかりのマリ＝ルイズには、ライヒシュタット公にパルマ公位をゆずるという考えも芽生えたようであるし、公もまた母を助けにパルマへ行くという決意をフランツ一世に伝えたほどである（もちろん却下された）。

つまり、「ナポレオン二世」は運命のいたずらによって、フランス皇帝のほかに、ベルギー国王、あるいはイタリア国王として迎えられる可能性があった。それだけに、ウィーンのライヒシュタット公に注がれるヨーロッパ中の視線が強かったわけである。フランス国内のボナパルト派が、ナポレオン二世の表舞台への登場に大きな期待を寄せていたことはいうまでもない。

しかし、こうした可能性の芽はイギリスやオーストリア、ロシアによって早々に摘まれることになった。イギリスは、目と鼻の先にあるベルギーにナポレオン二世の君臨する国が誕生することを嫌ったし、ロシアも同様にしてポーランドからナポレオン派を排除することを望んだ。とくにイタリアでは、反墺蜂起に参加していた秘密結社カルボナリの一員にルイ＝ナポレオン（のちのナポレオン三世）もおり、ここにライヒシュタット公の存在がくわわることは非常に危険なことであった。メッテルニヒにとって、それはローマ教皇の世俗領がナポレオン二世によるイタリア王国となることにつながる危険を内包するものであり、けっして容認できるものではなかった。フランスでも、三一年十一月からボナパルト家の国内所有財産強制売却に関する法律案が審議開始され、翌年三月に可決された。七月王政の中心人物ギゾが「ナポレオンの後には何も残りませんでした、なぜなら彼は一人しかいないからです。彼の後は何も、断じて何も残っていないのです！」と述べるとおり、ボナパルト家が国内政治へと復帰する可能性は慎重に排除されたのである。

白色テロの吹き荒れた復古王政は打倒されたが、結果として七月革命ののちナポレオン派の夢は次々に失望へとかわっていった。一八三一年六月四日には、ベルギー国王にザクセン＝コーブルク公レオポルトが即位し、フランスでは一八三二年四月十日法によりボナパルト家追放令が継続されることとなった。しかも、ほぼ同時期にライヒシュタット公（ナポレオン二世）の死という不幸が襲ったのである（後述）。

では、七月革命前後の時期、ボナパルト家当主たるライヒシュタット公はどのような状況にあったのだろうか。

ライヒシュタット公の成長——ドイツ貴族からフランス皇族へ

当時のボナパルト家の当主であるナポレオンの息子ライヒシュタット公は、成長するにつれて、自分がフランス人であるという自覚を強くしていったと思われる。彼は母マリ＝ルイズ宛書簡をドイツ語で書くのを常としていたが、一八二五年のある日のこと、書き慣れないフランス語でも書くようになった。

最近、ぼくはフランス語で手紙を書くという危険を冒しました。ひょっとしてそれをうけいれてくださるのであれば、同じ言葉でまた手紙を書く勇気がでます。

フランス語の指導もおこなっていたディートリヒシュタイン伯は、この同じ手紙の末尾に「採用してよいスタイルでいまだ書かれていない」との苦言を呈する一文をつけくわえた。彼もまた、フランス語の鍛錬が必要であると考え、その旨をマリ＝ルイズに説明したのであった。

フランス人であるとの自覚は、必然的に自分が皇位継承権者であるという立場についての理解を深めることにもつながった。その思いは、ナポレオンが死去したという知らせを契機に、よりいっそう強くなった。そしてその自覚とともに、機会をとらえてフランスに帰国し、父親のあとを継ぐ決意を固めていったとも匂《にお》わせる言動さえみられるようになった。ただその態度は、一定の自制心をともなっており、そこに無謀な賭《かけ》にでようとする兆候をみることはできない。じじつ一八三〇年九月、メッテルニヒに対して毅然《きぜん》として発言した姿勢などは、そのことをよく物語る。

私の人生にとって肝要な目的であるべきは、私の父の栄光に値しないままに甘んじないことです。私は、この高い目標に到達可能であると信じています。ただしそれは、可能なかぎりにおいて、……私がいつの日か父の高い能力の一部でも手にいれることができればの話です。私が諸党派のおもちゃ、陰謀の道具になるとすれば、父の記憶が命ずるさまざまな義務に対して力不足を露呈することでしょう。

そして、次に発せられた言葉は、「ナポレオン」の名をもつ者としての自覚がしっかりと公のなかに根をおろしていたことをはっきりと示している。

ナポレオンの息子たる者、軽蔑すべき冒険家に成りさがることは、けっしてできないのです。

もちろんこの言葉は、いとこルイ＝ナポレオンに対する批判ではない。このいとこが「冒険家」の挙にでるのは、まだ五年ほど先のことなのだから。

政治的冒険に身を投じる意思はまったくもちあわせなかったが、父ナポレオンとその帝政とに対する関心は、彼の内側で強くくすぶりつづけた。旧ナポレオン軍のマルモン元帥と面談したときのエピソードは、それを傍証する。その対面は、三一年一月二十五日、イギリスの駐墺大使カウリー卿のサロンで開かれたレセプションにおいてのことであった。元帥は、そのときの公の様子について、次のように証言する。

彼はすぐさま次のような言葉を投げかけてきた。「元帥閣下、貴殿はわが父の同僚最古参の一人ですよね、お知りあいになれて大変光栄です」。つづけざまに、ナポレオンの有名な遠征に関する質問が次々と発せられた。公は、軍務について熱心に話をした……。

ライヒシュタット公は一八三一年ころになると祖父フランツ一世に頼みこみ、軍隊に入隊した。それはまるで七月革命を待っていたかのようなタイミングであり、入隊後は父の軍事的栄光をみずからも体現しようと焦るかのように、軍務に勤しんだ。公のなかで、父帝の影を追うようにして軍人としてのキャリアにすすみたいという考えが台頭していたことは疑いようがなかろう。

ライヒシュタット公の死

しかし同時に、彼の健康状態は下降線をたどるようになる。体調はすでに一八二六年末から徐々に悪化していき、とくに三一年にはいるころからは目にみえて衰弱したようである。ディートリヒシュタイン伯によれば、呼吸に困難をきたし、食欲減退が明らかだった。一八三一年九月二日付の母親宛書簡にも「熱がひどい」旨がしたためられており、身体の変調が長びいていたことは明らかである。そしてついに公は、翌年一月十六日を最後に軍務に従事することが難しくなり、にわかに危篤に陥った。結核であったといわれる。六月二十四日にはマリ＝ルイズが駆けつけるが、彼女は死の床にある息子を前に泣き崩れるばかりだった。臨終の淵で発せられたと伝わる公の言葉からは、彼の意識が混濁した様子がよくわかる。

「溺れる、溺れるよ！」

「母を呼んでくれ！　テーブルをのけて！　テーブルをのけて！　他には何もいらない！」

昏睡《こんすい》状態のまま、公の呼吸は徐々に弱まっていき、七月二十二日午後にあっけなく帰らぬ人となった。このようにして、ナポレオン二世たるべきライヒシュタット公は、フランスの地をふたたび踏むことなくこの世を去り、当地で葬られることになった。

孫に大きな期待をよせていたローマのレティティア皇太后は、この訃報を聞いて「今度という今度は、最初の子を亡くしたより辛《つら》い」と絶望した。このころ彼女は、オルタンスにも次のような手紙を書いている。

それはようやくふさがれていたわたくしの心の傷を、すっかりまた開いてしまいました。……前からわたくしの健康はとても不安定でしたが、このたびのこの不幸によりさらに悪化してしまいました……。

このとき彼女は、まさかその息子がのちにナポレオン三世となることを夢にも思っていない。しかも、同じ年にポリーヌの夫ボルゲーゼが、翌年にはエリザの息子ナポレオンが死去した。一族に次々とふりかかる不幸に、レティティア皇太后はまさに絶望の淵にいた。このことは、多かれ少なかれ他の一族成員にとっても同じことだった。

ライヒシュタット公は、その死亡状況があまりに奇異であったため、当時は、メッテルニヒによる謀殺説がささやかれることにもなった。彼がライヒシュタット公とボナパルト一族

アンヴァリッドのナポレオン二世墓標

の接触を阻止しようとしていたことは確かであるが、謀殺の確たる証拠はみあたらない。ただ、ライヒシュタット公が死の淵にあるとは知らずに、ルイ＝ナポレオンが彼に書簡を送ったのが七月十二日のこと、メッテルニヒがこれをにぎりつぶしライヒシュタット公の目に触れさせなかったことだけは事実のようである。その書簡には、「ナポレオン二世の統治をフランスにもたらしたい」という願望とともに、「そのために働きたい」との熱意が語られていたという。ボナパルト家の現当主と未来の当主は、寸前のところでその接触を断たれたわけである。

フランス国内の世論には、公の死に対して感傷的な声も聞かれた。『モニトゥール』紙は、「ボナパルトのような人間は、彼らとともにはじまり、彼らとともに終わる星をもっているのだ」と論評し、『両世界評論』誌は冷静な論調でありながら同情をこめて「哀れな青年が亡くなった」と記した。激動の時代が終焉したとの展望を示したのは、『クロニック』紙である。同紙は、「いずれにせよライヒシュタット公の死は、ヨーロッパの平和と安寧がよってたつ基礎を固めることになるように思われる」と述べて、ナポレオンの名が消滅したことをヨーロッパの平和と同義にとらえた。もっとも、『クロニック』紙の論評が楽観的にすぎたことは、ライヒシュタット公の死後に展開されたボナパルト一族の動向をみれば一目瞭然である。

なおライヒシュタット公の遺骸は、二十世紀半ば、ナポレオン遺骸帰還百周年を記念して、ヒトラーによりフランスに渡され、それ以来、父ナポレオン一世とともにパリのアンヴァリッドに眠っている。

では、「ナポレオン二世」亡き後のボナパルト一族は、どうしていたのであろうか。次に、フランス国内外の政情との関係をふまえつつ、一族の動向を追ってみたい。

Ⅳ　ボナパルト家当主の後継問題——一族の世代交代

七月革命と一族の動向

七月革命が勃発したころ、ボナパルト一族のなかにはフランス帰国を強く主張する者もいた。従来、ついに皇帝にまでのぼりつめるルイ＝ナポレオンの活動が重視されがちであったが、とりわけナポレオン一世の兄ジョゼフが彼に勝るとも劣らず積極的関与にこだわっていたことも見逃してはならない。それまで、ジョゼフはペンシルヴェニア州フィラデルフィア近郊のポイント・ブリーズと呼ばれた地に敷地・邸宅を購入して、当地でもっとも富裕な人物のひとりとの評判どおり優雅な亡命生活を楽しんでいたが、七月革命の報を聞いてヨーロッパへの帰還を決意した。

このすばやい行動は、彼が日ごろからボナパルト家再興の意図をもっていたことを意味しているが、このことは「ナポレオン派」の団結によりウィーンのライヒシュタット公を玉座につけたい旨をメッテルニヒに対して吐露したことにも明らかである（三〇年十月九日付書簡）。また、革命からひと月ほどすぎたころには、マリ＝ルイズに宛てて「ライヒシュタット公の祖父である［オーストリア］皇帝が、もし彼に少しでも手を貸すならば、その存在だけで彼は玉座に返り咲くことでしょう」（三〇年九月十日付）とする書簡を送ってもいる。

そのころジョゼフは、自分が皇位継承権第二位であることをよく自覚していたとみえ、ライヒシュタット公がフランスに帰国するまでのあいだ摂政として政務をみるという構想さえもっていた。自己の目的を完遂するため、アメリカ滞在中にもヨーロッパ各地の亡命ボナパルト派との接触を保ちつづけ、その大きな財力を背景として賛同者に活動資金を提供していた。七月革命がおきると、その年九月にはアメリカにおいてフランス語で発行されていた自由派新聞を買収し、みずからの大義を宣伝するために利用した。

他方で彼は、フランス議会に宛ててナポレオン二世の権利を擁護すべき旨の書簡（九月十八日付）を送り、ルイ＝フィリップの国王即位に反対した。

議員諸君、正統なのは国民に送りだされた政府のみです……ナポレオン一族《ママ》は三五〇万票によって出番がやってきたのです。ナポレオン二世ならばフランスにふさわしいことでしょう……。

しかしこの書簡は黙殺され、それどころか新王ルイ＝フィリップによって即座に焼却されたともいわれ、けっして公になることはなかった。三二年にはいると、ライヒシュタット公に書簡（二月十五日付）を送り、先にみた自分の構想を実行にうつす用意がある旨を伝えたが、公からの返事はなかった。ジョゼフは危機感を覚え、一族とボナパルト派の動きを自分を中心として一本化する必要性を痛感し、後述のとおりロンドンにおいて一族会議を招集することにした。

積極的なジョゼフにくらべ、ルイ、ジェロムなどは、もはや政治への関与を回避して余生を平和にすごしたいという思いが強く、七月革命を利用してボナパルト家を政界に復活させようという動きにはでなかった。とくにジェロムなどは、ジョゼフに対して辛辣な言葉を浴びせた。

［ジョゼフの行動は］一族の状況を必然的に悪化させた。なぜならそれにより、解放されみずからの首長を選ぶ権利をもつわが祖国の政府に対して、われわれが敵対する状況に陥ったかもしれないからである。

リュシアンもまた、ライヒシュタット公のために奔走しはするものの、政治的な行動については冷静かつ消極的な態度であった。

私は、ナポレオンの権利は昨日の権利であって、ルイ＝フィリップのそれは現在の権利であると考える。

こうした弟たちの批判にもかかわらず、ジョゼフは七月初めに船に乗りこみ、八月十六日にリヴァプールに到着、九月初めにはロンドンにはいった。しかし、イギリス上陸時、すでにライヒシュタット公が死去していたことを知って意気消沈した。自分が温めてきたナポレオン二世復権構想が、もはや水泡に帰したのだから。

「ナポレオン」の政治的利用――帝室の創設者から七月王政の守護神へ

この間、「ナポレオン」をめぐる政治闘争は、ボナパルト家内部の問題にとどまっていたわけではない。「ナポレオン」の政治利用という側面についてよりよく理解するためには、当時の政治諸党派の関係性について知っておく必要がある。

ナポレオン没落後に次々と政権をにぎった二大政治勢力は、ブルボン王家を正統とみる正統王朝派と、ブルボン王家の分家にあたるオルレアン家の王朝を支持するオルレアン派であった。

正統王朝派は、旧亡命者（貴族・聖職者）を多く含み、ナポレオン没落後に政権を奪還して成立した復古王政のもとで、白い旗（白はブルボン王家の象徴色）を国旗として採用した。その要求は、法の番人としての高等法院を復活し、身分社会（それゆえ三身分会議も）を再建することだった。彼らにとって、大革命とは陰謀の産物にほかならず、当然ながらナポレオンは正統なブルボン王家から王位を簒奪《さんだつ》した異端の君主とみなされた。ここでは、彼がフランス人ではないという側面を強調するため、名前に「ブオナパルテ」という表記がしばしば使用され、他方では「食人鬼」や「王位簒奪者」というレッテルが貼られることも少なくなかった。

他方オルレアン派は、一八三〇年の七月革命によって政権をにぎり、オルレアン公ルイ＝フィリップを国王にむかえて七月王政を樹立した。七月王政は少数の有産者による支配体制であり、この寡頭制の支柱こそがブルジョワジー（商工業、銀行家などの実業家）と呼ばれる人びとだった。これに若干の貴族がくわわり、七月王政の支配層たるオルレアン派を構成していた。ただし、オルレアン王家がブルボン王家の分家筋にあたるからといって、七月革命が単なる王朝交代にすぎないかといえば、そんなことはない。その一端は、ブルボン王家の国王が大革命前からの伝統的な称号である「フランス王」を名のっていたのに対して、ルイ＝フィリップが「フランス人の王」と称したことによくあらわれている。これが、ナポレオンの「フランス人の皇帝」理念を部分的にせよひきつぐものであることはいうまでもない。つまり、復古王政と七月王政のあいだには、埋めがたい政治イデオロギー上の相違が厳然として存在したのである。

オルレアン派は、大革命の穏健路線を継承し、正統王朝派と対立した。彼らによれば、七月革命とは「中産階級の君臨にいたる歴史発展の終着点」であり、ナポレオンはフランスの歴史において「正統なる君主」と認識されるようになった。当然の帰結として、国旗としては、白旗にかえて三色旗（フランス革命・ナポレオン期のもの）が採用された。

ヴァンドーム広場のナポレオン像は、このような政治的雰囲気の変化をもっともよく反映した造形物のひとつであろう。もともと、アウステルリッツ戦でオーストリアからうばった大砲一二〇〇門からつくられたブロンズ製の像（手本はローマのトラヤヌス帝の円柱）であったが、一八〇六年、アントワーヌ・ショデに柱上に設置する彫像制作が許可され、一八一〇年八月十五日に別のナポレオン像が公開された。それは、トーガを着けて月桂冠《げっけいかん》をかぶり、有翼の勝利擬人像を手に載せたカエサル姿のブロンズ像であった。一八一四年には撤去され、柱上にはブルボン王家の白旗がかかげられた。しかしその白旗も、一八三〇年の七月革命により撤去され、ルイ＝フィリップは新たに軍服姿のナポレオン像を設置することを決定し、一八三三年にはあらためて二角帽、フロックコート、右手に望遠鏡をもつナポレオン像がおかれた（彫刻家エミル・スール作）。

このナポレオン像設置の知らせは、当然ながらボナパルト家に大きな期待をいだかせた。レティティア皇太后のもとには、ジェロムが「皇帝の像がヴァンドーム広場記念柱の上にふたたびすえられます！」と一報を伝えた。それを聞いた皇太后は、ジェロムの手をとって非常に喜んだという。なお、このときに設置された軍人ナポレオン像は、第二帝政期になるとショデの作品にもとづくデュモン作の皇帝ナポレオン像にかえられた。

こうして、七月王政の成立は「ナポレオンの復活」にとってきわめて大きな転機となったのである。そのときすでに政治活動を活発化させていたルイ＝ナポレオンは、次章でみるとおり、これに対して辛辣な批判を展開することになる。

皇位継承権をめぐる一族内の混乱――ナポレオン二世亡き後の相続争い

ボナパルト家のなかで、七月革命の知らせに歓喜し、ジョゼフと同様に積極的な行動にでたのは、オランダ王ルイの三男ルイ＝ナポレオンである。彼は革命の一報を聞くや、母オルタンスに喜びの手紙をしたためた。その喜びがいかほどのものだったかということは、ルイ＝ナポレオンのようすを知った祖母レティティア皇太后の反応をみれば容易に想像できる。孫のあまりの興奮ぶりをみた彼女は、移住先のローマからこう諭した。

あなたの手紙は熱狂する若者のそれです。ものごとをよく判断するには、冷静にみなければなりませんよ。……あなたが意固地にならないことを祈っています。経験と時間のおかげで冷めた古い頭だからこそ、そのような頭が、かわいく思う若くて熱意にあふれた頭をわきまえさせたいと思うのです。（一八三〇年八月十七日付）

しかし、こうした助言は彼の耳には届かなかった。それどころか、彼はナポレオンの兄弟たちの態度を論難さえした。彼がベルトラン大修道院長に語った「ご存知のとおり、私はこの一族の一員であるとはいえ交流があるわけではありません。しかし、私は不正義が好きではありません」（一八三三年一月）との発言は、彼の一族内での孤立を示唆しているし、何よりも「ナポレオンの権利」を積極的に回復しようとする自分の行動が否定されることは、彼にとって「不正義」にほかならなかった。

ところで、そもそもなぜルイ＝ナポレオンはのちに皇帝になることができたのだろうか。その疑問に答える鍵は、共和暦十二年フロレアル（花月）二十八日、すなわち一八〇四年五月十八日の元老院議決という皇位継承に関する法的規定にある。その規定によれば、ナポレオン一世につぐ皇位継承順位は、まずナポレオン自身の直系にあり、リュシアンはローマ亡命時に皇位継承権からはずされていたため、ナポレオンに直系継嗣がなければジョゼフの直系に、ついでルイの直系、ジェロムの直系へという順で継承権がうつっていくことになっていた。つまり、ナポレオン死亡（一八二一年）の時点では、ルイ＝ナポレオンの継承順位は第五位にすぎなかった。ライヒシュタット公が他界すると、継承権はジョゼフの直系にうつり、ジョゼフがボナパルト家当主になった。いいかえれば、ライヒシュタット公の死によりボナパルト第一世代が一族の中心となっていたわけである。

ルイ＝ナポレオンの行動はボナパルト家内での不快感をかきたて、一族内における彼の孤立を深めることになった。その典型的な動きが、一八三二年十一月ころにジョゼフが中心になってロンドンで招集された既述の一族会議であろう。ジョゼフの招集に対して、ルイ＝ナポレオンはフィレンツェで療養中の父ルイが制止するのも聞かずに出席を強行した。彼は

「ナポレオンセンター」のような拠点を創設することを提案したが、ジョゼフとリュシアンは政府を選ぶ権利が国民にあるとしてこれに否定的な態度を示し、もはやライヒシュタット公が他界した今となっては、むしろ新王ルイ＝フィリップとの良好な関係を築くことを望んだ。とくにジョゼフは、ライヒシュタット公の死によって形式的には皇位継承権第一位にあったものの、ナポレオン二世の死を皇帝家の消滅と同義であるとさえ考えていたこともあり、ルイ＝ナポレオンに対して不信感をもち、思慮の浅い厄介者であるとさえみていた。

こうしてジョゼフは、一八三三年七月にリュシアンとともに一七九九年に成立した統領政に着想をえた憲法案を公表することとなった。それによれば、執行権力は絶大な権力を保持し、一〇年任期または終身で選出される評議会、あるいは終身の皇帝にゆだねられる。皇帝は後継者を指名する権限をもつが、その人選は一族以外の者から選ばれるものとし、かつその一族は高官となることができない。この体制では、普通選挙制が採用されるが、有権者は納税者に限定され、七月王政下の選挙制度よりは広範な選挙民を有したが、実質的に制限選挙制であることにかわりなかった。しかし、この時点での皇位継承者はジョゼフであり、憲法案が実現されたときに皇帝になりうるのもジョゼフで、彼につづく皇帝の候補からルイ＝ナポレオンは排除されることになる。これこそが、ルイ＝ナポレオンに対するボナパルト第一世代の回答であった。

このようにして、第一世代は年老いていくにつれてフランス国内での政治的復権への関心をうしなっていったばかりでなく、その態度はルイ＝ナポレオンにとって無気力の証《あかし》であると映じ、かえってこのことが自分の行動の自由を正当化するものとさえ判断した。いいかえれば、一族の協力をえられないまま、数少ない同年代の仲間と行動を共にして、みずからの信念をつらぬく道しか、彼には残されていなかったのである。

ところが、一八四〇年にリュシアンが死去したのち、四四年にはジョゼフが、四六年にはルイがあいついで他界した。つまり、ルイの死をもって、皇位継承権がルイの息子の代にひきつがれることになり、三男ルイ＝ナポレオンが晴れてボナパルト家当主になったのである(長男・次男はすでに他界していた)。これに先だって、レティティア皇太后が、二人の息子リュシアンとジェロムに見守られながらローマで静かにその波乱の生涯を閉じていた。

以上のようにして、一八三〇～四〇年代は、ライヒシュタット公の早世を機に一族の主力がジョゼフ、ジェロムなどナポレオンの兄弟たちからなる第一世代からルイ＝ナポレオンらの第二世代へとうつりかわる時期だったといえよう。いずれにせよ、ルイ＝ナポレオンに皇位継承権がうつったため、ボナパルト家の命運は、みずからの信念の命ずるところにしたがって行動する第二世代の当主に託されることとなる。

ナポレオン二世たるべきライヒシュタット公は、父帝ナポレオン一世の没落に連座する形でフランスを追われ、ドイツ貴族としてその生涯を閉じた。彼自身、フランス国内でなんら政治的手腕を発揮したことはなく、それどころかその試みに着手することさえできなかった。しかし、そうであったがゆえにこそというべきか、フランス国内のナポレオン伝説は、いわば純粋培養され、保持されつづけたともいえる。つまりその伝説は、ライヒシュタット公の数奇な運命という悲劇性も加味されることにより、もはや神話とでもいうべき一種の信仰へと変質したとさえいえるかもしれない。

既存体制による「ナポレオン」争奪の試みは、そのことを傍証してあまりある。ナポレオンという記号は、二月革命をへてもなお、その多義性ゆえに有効でありつづけることであろう。ルイ＝ナポレオンは、「ナポレオン」という記号を自陣に奪還し、みずからのナポレオン後継者としての存在感を高めることに成功するであろう。

第3章 囚人から共和国大統領、皇帝へ――ナポレオン三世

りであることはいうまでもない。そもそも彼は、大ナポレオンの弟であるルイの三男で、皇位継承権の点ではナポレオン死亡時点で第五位にすぎなかった。しかも幼くして亡命したのちは、フランスにおいてよりも長く国外ですごすことになり、彼が表舞台に登場するころには、ドイツ語訛りだったともいわれるフランス語を話していた影響もあり、フランス人からみると彼の姿はまるで異邦人であるかのように映ったことだろう。

その彼が、なぜフランス皇帝にまでのぼりつめることができたのであろうか。そこにいたるまでには、もはやナポレオン一族につきものだったとさえいえる苦難や不運の連続が彼を襲うことになった。彼は、それらをいかにして克服することができたのであろうか。

I　宮廷から亡命生活へ

ルイ＝ナポレオンもまた、伯父ナポレオン一世の没落をうけて苦境を味わった一族のひと

皇子ルイ゠ナポレオンの誕生

ルイ゠ナポレオンが生まれたのは一八〇八年四月二十日から二十一日にかけての深夜、つまりナポレオンの権力が全盛期にある時代のパリにおいてであった。オランダ王ルイとオルタンスのあいだに生まれた三番目の男子である。難産の末の誕生で、のちにオルタンス自身が死産を覚悟したとふりかえるほどであった。このときまだローマ王（ナポレオン二世）は生まれておらず、またすぐ上の兄ナポレオン゠ルイはナポレオン帝政樹立の二か月ほど前に生まれていたので、ルイ゠ナポレオンは帝室最初の皇子として誕生したことになる。スペイン遠征中のナポレオンは、将来のフランス皇帝になるかもしれない皇子の誕生を祝って、遠征軍に祝砲をうち鳴らさせた。

ところで、ルイ゠ナポレオンの名前が正式に決定するまでには、約一か月という異例の時間がかかった。すでに四月二日にナポレオンはスペイン遠征のためフランス南西のバイヨンヌに出発しており、パリとのやりとりに手間を要したことも一因になった。ナポレオンが「シャルル゠ナポレオン」と命名することを提案したのは、ようやく翌月三日になってからだった。しかしそののち、彼が帝国大法官カンバセレスに正式命名に関する伝令を発したのはさらに三週間後の五月二十五日のことであった。しかもその書簡には「シャルル゠ルイ゠ナポレオン」と命名する旨の記述がみられ当初の命名とは異なる。それは、みずからの名前に祖父と父親のそれをくみあわせたものであり、帝室最初の皇子であることに対するナポレオン一世の期待がこめられていたとみることができよう。

オルタンス

母オルタンス

オルタンス（Eugènie-Hortense de Beauharnais）は、軍人ボアルネとジョゼフィーヌの娘として一七八三年にパリで生まれた。一八〇二年にナポレオンの弟ルイと結婚するが、夫を好きになることができずに、結婚生活は順調にいかなかった。ルイのオランダ王即位により王妃になった時も、嫌々ながらオランダに赴いた。一八一〇年、ルイの退位を契機に夫と別居し、パリに定住するようになった。このパリ生活中にフラオ伯（Comte de Flahaut）とのあいだに一子をもうけた。この子はのちにモルニ公（duc de Morny）として皇帝ナポレオン三世の右腕となる。一八一五年には、フランス国王ルイ十八世より称号「サン＝ルー公妃 duchesse de Saint-Leu」を許されたものの、サン・ジュールでのナポレオンのパリ入城への助力を理由に追放処分をうけた。その後、オルタンスは幼い息子たちをつれて、ジュネーヴ、カルルスルーエなどを転々とし、一八一七年にスイス北東部にあるアレーネンベルク（ボーデン湖につながるウンター湖岸の村）に城館を購入して移住し、女官に囲まれて日々をすごすことになった。

ルイ＝ナポレオンがナポレオン一世と会ったのは、ナポレオンがセント・ヘレナ島に連行される直前、マルメゾンでの昼食のひと時が最後になった。ナポレオンは、ルイ＝ナポレオンを抱擁してから去っていったが、まだ七歳ほどの少年が、このときどのような心境にあったか知る由もない。伯父ナポレオンから直接的に帝王学を伝授される機会はとうとうなかったが、亡命生活の多くをスイスですごしたルイ＝ナポレオンにとって、母オルタンスからの影響が政治信念の軸となる。ナポレオン一世個人の熱狂的な崇拝者であるオルタンスは、ヨーロッパにおいてボナパルト家が積極的な役割を果たすべきことを息子たちに説いていた。

アレーネンベルクの住居（現在）

あなたがたは皇族です。それを忘れてはいけません。

……あなたがたの称号は、最近できたものです。それを尊重してもらうためには、あなたがたが何よりも役にたつということを示さなければなりません。……一言でいえば、ボナパルト家の役割はあらゆる人びとの友人となることです。

ルイ＝ナポレオンが伯父ナポレオンの『セント・ヘレナ回想録』に触れたのも、母からの訓育をうけるなかでのことであったろうと考えられる。

家庭教師ル・バからの薫陶

ルイ＝ナポレオンの教育は家庭教師ベルトラン師、ついでフィリップ・ル・バによってほどこされたが、とりわけ後者はルイ＝ナポレオンの教養を大きくひきあげることに寄与した。ル・バはフランス革命期の山岳派、つまり、当時の革命派のなかではもっとも左翼に位置する党派であったピエール・ル・バを父にもち、彼自身も熱心な共和派であった。彼の教育は厳格をきわめ、その共和主義理念、とりわけ、人民主権、イタリアとポーランドの国民主義運動への共感などは、少なからずルイ＝ナポレオンに影響したと考えられる。

ルイ＝ナポレオンは、ル・バの勧めにしたがい、ドイツ南部の都市アウクスブルクのギムナジウムに入学し（一八二一年）、ここでも厳格な教育をうけた。そこでの生活は、朝六時〜

七時に起床し、夜九時に就寝するという規則的な毎日で、食事と二時間程度のレクリエーションの以外は勉強時間にあてられたという。ギムナジウムでの成績は当初、九四人中五四番だったが、二二年二月には七〇人中四番目の成績をとるまでに成長し、翌年には課程を修了した。

以上の過程をつうじて、当初ル・バによって「無」と評価されたルイ＝ナポレオンの知識は、シャトーブリアンなど当時の知識人が賞賛するほどまでに向上した。

そのうちどういうわけか、ル・バによる教育は一八二七年に突如として終了し、その後ル・バとルイ＝ナポレオンは疎遠になった。そもそも、オルタンスが政治信条の違いからル・バを解雇したといわれるし、ル・バのほうでも政治傾向の違いゆえにルイ＝ナポレオンから距離をおこうとしていたともいわれる。しかし、共和国大統領になったあとのルイ＝ナポレオンとの関係は、けっして悪いというほどではなかったともいわれる。いずれにせよ、彼らの再会は、ル・バがフランス学士院長となり、役職上の必要から皇帝に拝謁した一八五九年の一回のみであった。そののち両者が顔をあわせることは二度となく、ル・バは翌六〇年五月に他界した。

座学にいそしむかたわら、ルイ＝ナポレオンは、スイス滞在中に軍人としての教育をうける機会をもっていた。あるときはアレーネンベルクからほど近いコンスタンツに駐留するバーデン連隊での軍事教練に参加したり、またあるときはベルン近郊のトゥーン基地にでかけては銃器の鍛錬に精をだした。ここに、伯父ナポレオンの後ろ姿を追い求めようとするルイ＝ナポレオンの姿をみることは難しくない。ひいては、「ナポレオン」の名をもつ者としての自覚の高まりが、彼をそのような行動に駆りたてたものと考えることさえできよう。

II 血気盛んな「冒険家」――革命運動への参加

ナショナリズム運動への関与

一八三〇年代にはいると、パリ発の革命はヨーロッパ諸地域に波及することになり、ドイツやイタリアなどを中心にナショナリズム（国民主義）運動が盛んになった。このきっかけになったのが、フランス七月革命であったことはすでに述べたとおりである。

この革命が勃発すると、すぐさまルイ＝ナポレオンは「三色旗が現在フランスにたなびいています」と感傷をもって母親に知らせ、内につのる想いを吐露する。

このできごとののちに、われわれがフランス市民としての権利を享受できるようになることを願っています。三色帽章をつけた兵士たちをみることができるなんて、なんと幸せなことでしょう。

にわかに盛りあがりをみせたナショナリズム運動は、ウィーン体制への挑戦にほかならなかった。これに共感していたルイ＝ナポレオンは、兄ナポレオン＝ルイとともにイタリアで展開されていた反墺闘争に参加した。彼が二十二歳の時である。この時の戦闘で兄は戦死し、ルイの家系に残された後継者はルイ＝ナポレオンのみとなった。以後、彼は自分の名前を「ナポレオン＝ルイ・ボナパルト」と表記するようになった。それは、ボナパルト家の年長者が「ナポレオン」を名のるべきであるとするナポレオン一世の意思にもとづくとされる。

ルイ＝ナポレオンは、ライヒシュタット公が皇帝に即位し「ナポレオン二世」としてフランスを統治することを夢みていたが、公の早世によって運命の歯車が狂ってしまった。ルイ＝ナポレオンが、ナポレオン一世の偉業を継承するという自分の「星」というものを強く信じるようになったのは、このころからではないだろうか。そうした信念に無関心なボナパルト家第一世代を非難しつつ、ルイ＝ナポレオンは自分の運命、少なくとも、自分自身がそのように信ずるところにしたがい、政治行動を活発に展開するようになった。

しかしそれにしても、ルイ＝ナポレオンをつき動かす「星」とは、いかなる思想によってささえられていたのだろうか。

そもそも、彼が発表した初期の論文である「政治的夢想」および「スイスに関する政治的・軍事的考察」には、彼自身の政治思想の出発点が述べられている。その基本的理念とは、ナポレオンの名が代表する「権威」と、共和政が代表する「自由」という二つの原理を結合する必要性であった。それは、スイスの事例のみならず、フランスのような大国においても「人民主権」が有効に機能するはずであるとする考えかたによって特徴づけられる。

くわえて一八三〇年代は、彼が初期社会主義に位置づけられるサン＝シモン主義に接近したことによっても特徴づけられる。のちの「アム大学」時代には、これに示唆をうけて経済、社会の問題にも意欲的にとりくむことになった。そもそも、ルイ＝ナポレオンが最初にサン＝シモン主義に触れたのは、一八三四年にナルシス・ヴィエイヤールと出会ったことを主なきっかけとする。ヴィエイヤールは、七月王政期に下院議員をつとめたこともある共和主義者である。また、折からイギリスの工業発展に関心をよせていたルイ＝ナポレオンは、一八三〇年代末にイギリスに滞在したとき、マンチェスター等の工業都市を視察し、工業発展にともなう社会問題、とりわけ労働問題を間近で観察していた。彼がのちに「馬上のサン＝シモン」とも形容され、その統治期に新しい経済政策や本格的な工業発展がみられたという事実を考えあわせれば、彼とサン＝シモン主義の出会いは無視できない意味をもつ。いずれにせよ、彼による二度のクーデタ未遂は、以上にみた信念に発する行動であり、さらにその信念とは相容れない現行体制に対する批判ともなったのである。

クーデタ未遂事件と世間の冷ややかな評価

七月王政の成立により、フランス帰国という彼の願いが早々に裏切られることになると、ルイ＝ナポレオンの無謀ともいえる積極的な行動は、一八三六年のストラスブールと四〇年のブローニュにおいて、二度のクーデタ未遂事件という形であらわされた。

ストラスブールの企ては、三六年十月三十日午前五時に一三名の同志とともに決行された。ナポレオン崇拝の念が強い若い兵士たちにむけて、「ボナパルト万歳」のかけ声とともに行動を共にするよう呼びかけたが、早々に拘束されてしまう。呼びかけられた兵士たちには、圧倒的な無関心が支配していた。「ナポレオン」の名をもつ後継者が呼びかければ、続々と軍が彼にしたがうとみていたルイ＝ナポレオンの誤算であった。もはや、目の前にいる兵士たちは、かつてナポレオンの軍隊に属していた兵士ではなかったのである。しかし、多少なりとも軍から同調者があらわれたことも事実である。同調した罪で処分された軍人は三〇名にのぼり、そのうち将校クラスは九名もいた。

裁判により、共謀者一三名は無罪となり、ルイ＝ナポレオン自身はパリ、ロリアンに護送されたのち、十一月十五日にアメリカ行きの船に乗せられた。七月王政政府は、彼をフランスから遠ざけ、国内での影響力を除去しようと考えたのである。ところが、三八年六月に、『一八三六年十月三十日事件記』と題する冊子を刊行したアルマン・レティは逮捕され、書籍が押収されるという事件がおきる。レティは、国家の安寧を脅かした罪で起訴された。これにより政府は、蜂起をおこした者でなく、それを語った者を罰しようとしたのである。この一件は、法の前の平等を政府みずから破るものであった。当然ながら政府への批判もまきおこり、ルイ＝ナポレオンの国外追放について「恐るべき不公平へと帰結する恐るべき特権」と皮肉まじりに述べたルイ・ブランの予言は的中することになったのである。

ストラスブールの企てが挫折したとはいえ、ルイ＝ナポレオンの信念が揺らぐことはない。そのころ書かれたオディロン・バロ宛の書簡には、彼自身の信念が端的に表明されている。

皇帝一族内での世襲は、四〇〇万票によって承認されました。それ以来、民意は問われていません……。それゆえ、ナポレオンの甥の年長者として、私は自分を民選の代表であるとみなすことができるのです。

こうした考えにこそ、「帝国の鷲はあらゆる党派を結集しうる唯一の旗印」であるとの確信が根ざしていた。

このあいだには、最愛の母オルタンスがアレーネンベルクで他界した（一八三七年）。アメリカに到着したルイ＝ナポレオンは、ニューヨークを訪問したのち、ストラスブール蜂起の翌年七月にイギリス経由でアレーネンベルクに帰還した。アレーネンベルクの遺産とともに、彼には母の遺言が託された。

彼［ナポレオン］がフランスを強大にし繁栄させたことを、かならず公にしつづけてくださいね……。

彼は、ますますみずからの信念に忠実に行動しようと決意した。一八三九年に著述された論文「ナポレオン的諸理念について」は、そのような自分の信念を、ナポレオンの継承者としての自負に、より自覚的にかさねあわせて表明したいわばマニフェストであるといえる。こうして決行されたのが四〇年のブローニュ蜂起であったが、これもあえなく失敗して、今度はとうとう逮捕され収監されてしまう。

フランスの世論は、あの大ナポレオンの甥が愚行をしでかしたと冷ややかな反応を示した。エリート層にいたっては、ルイ＝ナポレオンのことを後先考えない「冒険家」と呼び、なかには「馬鹿者」と吐き捨てる者もでてくる。このあたりの世論をよく表現するのが、『コン

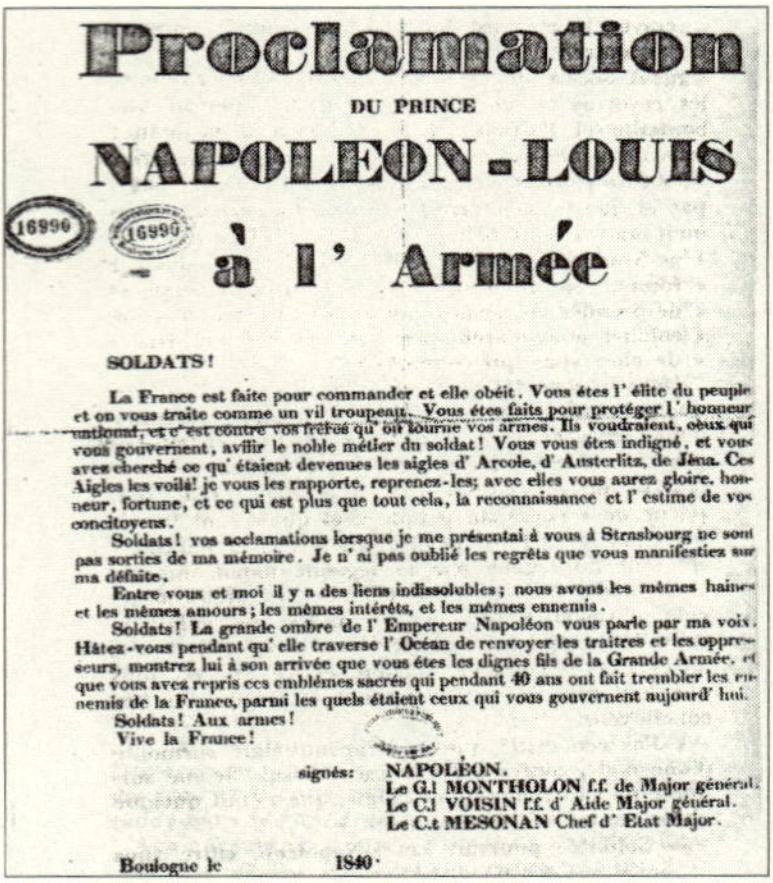
Proclamation
DU PRINCE
NAPOLEON-LOUIS
à l' Armée

16996

SOLDATS!

La France est faite pour commander et elle obéit. Vous êtes l' élite du peuple et on vous traite comme un vil troupeau. Vous êtes faits pour protéger l' honneur national, et c'est contre vos frères qu' on tourne vos armes. Ils voudraient, ceux qui vous gouvernent, avilir le noble métier du soldat! Vous vous êtes indigné, et vous avez cherché ce qu' étaient devenues les aigles d' Arcole, d' Austerlitz, de Jéna. Ces Aigles les voilà! je vous les rapporte, reprenez-les; avec elles vous aurez gloire, honneur, fortune, et ce qui est plus que tout cela, la reconnaissance et l' estime de vos concitoyens.

Soldats! vos acclamations lorsque je me présentai à vous à Strasbourg ne sont pas sorties de ma mémoire. Je n' ai pas oublié les regrets que vous manifestiez sur ma défaite.

Entre vous et moi il y a des liens indissolubles; nous avons les mêmes haines et les mêmes amours; les mêmes intérêts, et les mêmes ennemis.

Soldats! La grande ombre de l' Empereur Napoléon vous parle par ma voix. Hâtez-vous pendant qu' elle traverse l' Océan de renvoyer les traitres et les oppresseurs, montrez lui à son arrivée que vous êtes les dignes fils de la Grande Armée, et que vous avez repris ces emblêmes sacrés qui pendant 40 ans ont fait trembler les ennemis de la France, parmi les quels étaient ceux qui vous gouvernent aujourd' hui.

Soldats! Aux armes!
Vive la France!

signés: NAPOLEON.
Le G.l MONTHOLON f.f. de Major général.
Le C.l VOISIN f.f. d' Aide Major général.
Le C.t MESONAN Chef d' Etat Major.

Boulogne le 1840.

1840年ブローニュ蜂起でのフランス軍兵士向け檄文ポスター「皇帝ナポレオンの偉大なる影が、私の声を借りてあなたがたに語りかけているのだ」との一文がみえる

スティテュシオネル』紙であろう。

> オルタンス妃の息子はストラスブールでは正気をうしなっていたが、現在では醜態をさらしている。……彼は自分では英雄的だと思っているが、悲惨なまでに滑稽《こっけい》でしかない……。

もはや「ボナパルティスム（ボナパルト主義）は死んだ」（『ジュルナル・デ・デバ』紙）との楽観論が、エリート層には支配的だった。苦言を呈するエリート層のなかに、のちにパリ・コミューン弾圧者として名を馳せることになるティエールという熟練の政治家がいたのは歴史の皮肉というべきか。彼は、のちにルイ＝ナポレオンを支持し、ついでこれと対決することになる、因縁浅からぬ人物である。

ルイ＝ナポレオンによる二度の陰謀事件は、たしかに企てとしては完全な失敗に終わったが、それでもひとつの重大な政治的帰結をもたらすことになった。それは、事件によってフ

ランス国民が「皇太子を発見した」（ブリュシュ）ことであり、これにより、きたるべき第二共和政期の政治的変動のゆくえを決定づけるうえできわめて重要な伏線ができあがったのである。

III 「アム大学」時代（一八四〇～四六）――囚人生活と政治思想の形成

快適な監獄での学究生活――ナポレオン的理念の深化

拘束されたルイ＝ナポレオンは、パリ北東部に位置するアム（Ham）という鄙《ひな》びた町にある監獄に投獄された。監獄とはいっても、その内側では自由行動が最大限に保証されており、書斎つきの個室をあたえられ、外部からの訪問者をむかえることさえできた。ここで彼は、社会、経済の問題をあつかう『アトリエ』紙や、アダム・スミス、ジャン＝バティスト・セー、ルイ・ブランなどの経済学、ないし経済問題にかかわる著作をはじめ読書三昧の日々を送り、みずからの思索を深めた。このあいだ、彼は政治・経済・社会の諸問題に関して幅広いテーマをあつかい執筆活動を精力的にこなした。ルイ＝ナポレオン自身がのちに「アム大学」と呼んだこの学究生活は、彼の政治思想の形成において決定的な局面をなした。

アム大学時代の思索の軌跡は、発表された著作群によって追うことができる。「ナポレオ

アム監獄

アム監獄でのルイ＝ナポレオンの様子

ン的理念」（一八四〇年）、「わが国の習俗と議会慣行とにとりいれるべき諸改善」（四三年）、「貧困の絶滅」（四四年）などは、現行の体制を批判する内容で一貫しており、その批判は彼自身の大革命・ナポレオンに関する歴史解釈に明瞭に表現される。なお、「ナポレオン的理念」は、前年に執筆した「ナポレオン的諸理念について」の要点をコンパクトにまとめた小論である。これらの著作群において、何よりも強調されたのは、革命家としてのナポレオン像である。これによれば、ナポレオンは「革命の遺言執行人」としてフランス革命が残した課題を着実に解決し、民法典（ナポレオン法典）に代表される革命の原理をヨーロッパ中に広めた。ナポレオンの登場がなければ、フランス革命は数ある事件のひとつにすぎなかったであろう。しかし、七月王政の指導層は七月革命こそが大革命の完成させる歴史の終着点であるとみなし、「保守主義」を標榜《ひょうぼう》してさらなる変革への意欲を欠いた。以上のように考えたルイ＝ナポレオンは、「堅固で着実な方向性」のもとでの統治が不可欠であると主張して七月王政と対峙した。

ルイ＝ナポレオンにみるナポレオン解釈は、さらに「皇帝民主制」（ないし民主的皇帝制）の構想へと独自の発展をみせた。彼によれば、「完全な国民性と満足された一般利害とにもとづくシステム」が樹立されねばならず、そこでは、人民主権に依拠する世襲制こそが揺るぎない「権威」の確立にとって必要不可欠であった。それは、「自由な人民には道徳的な力をもつ統治が必要」であるという考えかたにもささえられていた。それに対して、同じく人民主権に依拠しうる共和政という選択肢については、それが一般利害の担い手を欠くがゆえに拒絶されるべきであると考えたのである。

アム大学での思索が、ナポレオン一世自身の言葉がちりばめられた『セント・ヘレナ回想録』で語られる「革命の子」あるいは「革命の代表者」というナポレオン像に少なからぬ着想をえたであろうことは一目瞭然である。いやむしろ、若いころに熟読した書物をつうじてしか、生き生きとした伯父の姿をみずからの内に鮮明にイメージ化することはできなかったというべきだろう。結果的に、アム大学での学究生活では、大革命・ナポレオンの歴史に関する再解釈を基礎とするところの、ルイ＝ナポレオン固有の政治理念が形成された。このようにして、フランス史の展開に大きなインパクトをあたえることになる三番目の「ナポレオン」の台頭が準備されたのである。

以上にみてきたルイ＝ナポレオンの基本的立場は、七月王政政府が推進したナポレオン政策と当然ながら衝突することになった。それがもっとも鋭い対立となって表現される機会を提供したのは、セント・ヘレナ島に埋葬されていたナポレオンの遺骸をフランスに帰還させる政策である。

ナポレオン遺骸のフランス帰還

革命前の復古王政下とは逆に七月王政政府は、ナポレオン崇拝を前面に出す政策をうちだした。その代表例が、ナポレオンの遺骸をフランス本国に戻そうという試みである。

一八四〇年五月十二日、内務大臣レミュザが下院において感動的な演説をおこなった。

彼は皇帝であり国王でした。わが国の正統な君主でした。……今後はフランスが、フランスだけがナポレオンゆかりのものをすべてもつことになりましょう。彼の墓は彼の名声と同様に、彼の祖国以外の誰のものでもないのです……。

遺骸帰還は一八四〇年三月以降、当時のティエール政権によって推進されていた。この人物は、約三〇年後にパリでおこった住民蜂起（パリ・コミューン）を徹底的に弾圧したことで知られる。

アンヴァリッドのナポレオン棺

墓所選定は、ヴァンドーム広場、サン＝ドゥニ大聖堂などが候補にあがるが、それぞれ政治的理由で却下された。戸外は政治的争乱の舞台になりやすく、ヴァンドーム広場という選択肢は消えた。サン＝ドゥニはどうかというと、ここはフランス歴代国王の墓所でもあり、ナポレオンが歴代諸王と同じ世襲君主であることを認めることになるという問題があった。議論の末、「余の遺骸はセーヌの岸辺、余が愛

パリ、ヴァンドーム広場の円柱

アンヴァリッドのナポレオン像

したフランス国民のあいだに安置されるように」というナポレオンの遺言が尊重される結果となり、遺骸は現在も存するアンヴァリッド（廃兵院）におさめられることになった。

当時の駐英大使で、ティエールのあとに政権を担うことになるギゾがイギリス政府との交渉にあたり、その結果、一八四〇年七月七日、第三王子ジョワンヴィルを団長に戦艦ベル・プル号がトゥロンを出航することになった。一団は、十月九日にセント・ヘレナに到着し、十五日には遺骸がイギリス側からひきわたされた。フランスに運ばれたナポレオンの棺は、新古典主義様式に彩られた壮麗な式典のなか、パリの凱旋門をくぐって安置場所となるアンヴァリッドへと運ばれた。

このようにして、オルレアン派は期せずして（おそらくは意に反して）、皇帝ナポレオンを体制のシンボルにすえることとなった。

遺骸帰還事業は、すでにみたナポレオン伝説の維持・増幅にとって大きな意味をもつもの

凱旋門を通過する棺（1840年）

アンヴァリッド（現在）

でもあった。たとえばブルゴーニュ地方フィサン村においてノワゾ作の「不死に目覚めるナポレオン」と題するブロンズ像をめぐる民衆の態度は、そのことをよく物語る。一八四七年九月十九日の除幕式では、当局者や軍の周囲を一万五〇〇〇ほどの民衆がとり囲んだというエピソードは、民衆層の心象風景のなかに強靭《きょうじん》に持続するナポレオン伝説の存在を裏づける。

歴史家テュデスクは、そのナポレオン伝説に関する研究において、伝説の成長に利した画期としてとくに一八四〇年という時期を重視し、きたるべき四八年革命以後にナポレオンという記号がもちえた多義的な含意について分析した。彼は、「国民的感情は、ヨーロッパにおいては非常にしばしば英雄崇拝によって表明される」と述べたうえで、ある者にとって大革命の後継者であり、またある者にとって国民的精神や国民的自尊心の受肉化であり、さらにその他の者にとって秩序の原理を体現する存在として理解されるようになったと説明する。七月王政を支持する立場にあった『ジュルナル・デ・デバ』紙は、同時代人の代表的ナポレオン観をうまく説明してくれる。

フランスにおいて民衆的な記憶があるとすれば、それは、消えさることのないわれわれの勝利と結びつく名をもつ偉大な軍人に関するそれであるということを認めねばならない。忘れさられた一族があるとすれば、それは皇帝一族である。「皇帝万歳」の叫びは、

おそらくもっとも民衆の情に呼応するそれである。（一八四〇年八月九日付）

七月王政政府によってすすめられるナポレオン政策に、ボナパルト一族の積極的役割があたえられることはなかった。だからこそ、ルイ＝ナポレオンは「過去の栄光に人民をつつみこむ」ものであるとして、七月王政下の遺骸帰還事業に代表されるナポレオンの体制内化に抗議したのである。

ナポレオンの遺骸をめぐる論争

ナポレオン一世の死の真相とアンヴァリッドにおさめられる遺骸については、現代にいたるまでナポレオン史の謎として話題になることが少なくない。遺骸は、先に述べたとおり一八四〇年にアンヴァリッドに移葬され、そののち六一年にナポレオン三世により同じ敷地内のドームに安置されて現在にいたる。なお、英領セント・ヘレナにあった墓やナポレオンが晩年をすごした家は、フランス政府によって購入され、現在はフランス国有となり、島の観光地となっている。

そもそもナポレオンの死去については、死亡時の年齢が五十二歳という若さであったことも手伝い、当時から毒殺説がささやかれていた。死の真相に関する議論は一九六〇年代から盛りあがり、日本でもベン・ワイダーの本が翻訳されるなど、一定の関心をひいた。そののち、遺骸がナポレオン本人のものかどうかを疑う声さえ高まり、レティフ・ド・ラ・ブルトンヌやロワ＝アンリらは、一八四〇年に掘りおこされ、フランスに運ばれた遺骸が別人のものであるとの説を唱えた。レティフ・ド・ラ・ブルトンヌにいたっては、その著作タイトルに顕著に示されるとおり、遺骸がすりかえられたとするイギリス策謀説を主張した。毒殺説や遺骸すりかえ説に共鳴する人びとのなかには、アンヴァリッドに眠るとされるナポレオンの遺骸をDNA鑑定に付すよう求める声もある。

これに対して、近年、マセは両説を批判的に検討して、ナポレオンが暗殺されたとする説を拒絶し、アンヴァリッドの遺骸がナポレオン本人であると主張している。しかし、すりかえ説にたつロワ＝アンリは、いまやアンヴァリッドの棺には遺骸がおさめられてさえいないとまで主張するようになっている。どうやら、一八四〇年には棺の移送に三六名の運搬人が必要だったのに対し、六一年にはわずか一二名で運ばれたから、約二〇年のあいだに棺の中身が何者かによってもちさられたにちがいない、ということらしい。

二月革命の勃発とルイ＝ナポレオン

一八四六年五月、彼は石工の扮装《ふんそう》で看守の目をごまかして脱獄し、そのままイギリスに亡命した。すぐさまフランス駐英大使に対し、現行の政府を打倒する決意が不変であることを宣言した。しかし、すぐに行動にうつしたとしても成功の見込みがあるわけでなく、彼は絶好の機会が到来する時まで待機しようと考え、「アレーネンベルク＝ブルンスヴィック伯」という偽名で静かに時をすごすことにした。

私は私のものではありません。私は、わが名とわが国のものなのです。運命というものが二度までも私を裏切ったとしても、いずれ私自身の運命はもっと確実に陽の目をみることでしょう。私は待ちます。

ここにも明白にみられるように、彼のなかでナポレオンの名をもつ自分がもって生まれた「星」に対する信頼は揺るぎない。とはいうものの、明るい未来が確実視されていたわけでもなく、わずか二年間ほどではあるが淡々とした日々を送った。

彼の生活は、パリで二月革命が勃発した時に一変した。七月王政の末期、寡頭的支配体制に対する反発から、改革宴会とも呼ばれる選挙改革運動がまきおこり、ギゾを代表とする保守派と衝突した。この運動は、一八四八年二月二十三日、民衆のデモ隊と軍隊の衝突に発展し、ルイ＝フィリップは退位してイギリスに亡命することを余儀なくされ、それをうけて革

ルイ＝ナポレオンの脱獄

命派による臨時政府が成立した。

臨時政府にはラマルティヌなどの穏健共和派をはじめ、急進共和派、社会主義者（ルイ・ブランが代表的人物）なども参加し、失業問題へのとりくみ（国立作業場の設立）、奴隷制廃止、普通選挙制などの革新的な施策が次々と推進された。ところが臨時政府は、労働者を中心とするパリの民衆蜂起が六月に発生したころから「赤色妖怪《ようかい》」、つまり社会主義の伸展に対する恐怖感を深め、急速に保守化していった。これと並行して、王党派の主導で「秩序派 parti de l'Ordre」と呼ばれる保守派が組織化され、これに同調する穏健共和派もでてくるなどして、急進派を排除しようとする動きが強まった。

こうして、ルイ＝ナポレオンの帰仏を可能とする条件がひとつそろったのであるが、もうひとつの大きな障害がボナパルト家にはたちはだかっていた。それは、いまだ効力をもっていたボナパルト家追放令である。

ボナパルト家追放令の廃止

革命直後の四月に実施された総選挙では、ナポレオン親王（ナポレオン＝ジョセフ）やリュシアンの息子ピエール、旧ナポリ王ミュラ元帥の息子リュシアンなどボナパルト一族から当選者があいついだ。とりわけナポレオン親王などは、その風貌がナポレオン一世ときわめて似ているということで大人気を博した。普通選挙の導入によって、それまで三〇万人に満たなかった選挙人が一気に九〇〇万人ほどにまで増加したことは、ボナパルト派にとって大いに追い風となったのである。ルイ＝ナポレオンもまた、このような順風をうけて、立候補していなかったにもかかわらず、選挙人に占める得票率がヨンヌ県で一％、シャラント＝アンフェリュール県で四％にものぼった。似たような現象は、六月と九月の補欠選挙でもみられた。たとえば、モゼル県ではなんと一万七〇〇〇票でトップ当選を果たした。しかもこの集票は、ボナパルト派が十

ナポレオン親王

分な組織化を実現することができず、したがって効率的な選挙運動さえできずに臨んでの結果だった。つまり、普通選挙によって解放された新たな選挙民（その大多数は農村住民）は、自然発生的にナポレオンの名をもつ人物に票を投じたのである。

すでにこのころ、各地で「ナポレオン万歳」のかけ声が聞かれたが、ただしそれは、新たに樹立された共和政の確立を望む陣営のスローガンとしても活用されていた。たとえば、一八四八年、共和派ジュール・ファーヴルは「私は、ルイ・ボナパルト氏をその対立候補よりも好み、その偉大な名がもつ威信と人気が、諸党派の和解によって共和国の基礎を固めることにすばらしく寄与するものと信じてきました」と述べて、共和政がナポレオンの名と矛盾しないとする考えを示した。このようなわけで、二月革命勃発の直後に各地でみられた民衆的示威行動には、秩序と平和を体現するナポレオンのイメージがみられる一方で、「ナポレオン万歳、共和国万歳」と叫ばれたかと思えば、他方で「ナポレオン万歳、共和国打倒」という相矛盾するかにみえるスローガンも並存していた。このようにして、ナポレオンという記号は多義性を内包しつつ、その受肉化としてのナポレオン三世の登場に寄与していくこととなるのである。

こうした国内状況のなか、五月下旬の議会において、ボナパルト家追放令を廃止する提案がなされた。五月二十六日には、極左議員ヴィニェルトが、危険な存在にならないかぎりにおいてボナパルト一族に対する禁令を暫定的に解くことに賛意を示し、他の議員にも「ボナパルト一族には、現在もはや歴史的価値という意味しかない」とする観点から追放令廃止を支持した。そしてついに、コルシカ選出議員ピエトリがナポレオンを「栄光の代表であり、武器によって外国で勝利した革命の宣伝者」とする演説をおこない、議会多数派の心をつかんだ。司法大臣クレミュもまた、これと同じ趣旨で「ナポレオンの栄光はフランスときりはなしがたい」と述べて賛同し、はやくも翌月二日には追放令廃止が可決された。つづいて十月二十六日には、ボナパルト一族の大統領選挙への立候補を可能とする法改正もなされ、大統領制と一院制議会の設置をもりこんだ新しい共和国憲法が十一月に制定された。また、憲法の規定にしたがって、大統領選挙が同年十二月十日に、新議会選挙が翌年五月に、普通選挙にもとづいて実施されることとなった。

Ⅳ　皇族大統領から皇帝へ——皇帝ナポレオン三世の誕生

大統領選挙への出馬

大統領選挙の候補者には、ルイ＝ナポレオンのほかに、六月事件を鎮圧して名をあげた共和派の軍人カヴェニャック将軍をはじめ、ラマルティヌ、社会主義者ラスパイユ、正統王朝派

大統領選挙に立候補したルイ＝ナポレオンの風刺画。これがあれば当選まちがいなしといって、ナポレオンのお面を売りこむコスチューム店の店主

シャンガルニエらの大物がいた。いずれも手強《てごわ》い対抗馬であったのに対して、ルイ＝ナポレオンはフランス政界では新参者にすぎなかった。彼は、九月終わりにロンドンから帰国したばかりであったし、政界エリート層には御しやすい人物とみられ軽んじられていた。秩序派の中心人物のひとりティエールもそのように考えていた。彼は、ルイ＝ナポレオンを手なずけて操り人形にできると考え、「御しやすい馬鹿者」には「女性をあてがってあげよう」とさえいいはなったほどである。

たしかに、農村地域に強固な地盤をもつ保守派を中心とする秩序派がルイ＝ナポレオンを支持したことは、ボナパルト派にとって選挙戦を有利にしたといえる。しかしそれ以上に、ナポレオンの名がもつ威力はすさまじかった。普通選挙制の採用により、ルイ＝ナポレオンはナポレオン伝説の広がる農村票を大いに期待できたからである。その結果、選挙はルイ＝

ナポレオンの圧勝に終わり、秩序派から商工業者、農民、労働者にいたる国民各層の広範な支持により、投票総数の七四％（有権者の五六％）もの得票を獲得して当選した。ある新聞によれば、まさしくナポレオンという名前のもつ力をまざまざとみせつける選挙となった。

ナポレオンの名は、あらゆるコミュン住民に対して尋常ならざる影響力を発揮した。人びとは、一夜にして故人となった皇帝がセント・ヘレナ島でこうむった苦悩を清算したのである（一八四八年十二月十六日付『サンスール・ド・リヨン』紙）。

共和国憲法改正問題からクーデタへ――抵抗勢力との対決

一八四九年五月十三〜十四日、新しい憲法のもとで初めての議会選挙がおこなわれた。この選挙では、「民主＝社会主義派」（急進共和派・急進民主派・社会主義者などの総称）と呼ばれた極左勢力が躍進し、二〇〇議席前後を獲得した。この党派は「山岳派」とも自称し、広く農村地域で支持を集めていた。こうして「赤への恐怖」が現実味を帯びてくる。しかし、それ以上に優位にたったのは秩序派だった。右派に位置する秩序派は、議会の七五〇議席中少なくとも四五〇議席ほどを獲得し多数派となったのである。秩序派のなかではオルレアン派が圧倒的多数を占め、極左勢力以上に農村に足場をもち、極左による農村への支持拡大を

人民投票の時期と内容		有権者	賛成	反対	賛成率
1848.12.10	大統領選※	980万	553万	-	56%
1851.12.20	クーデタ	984万	744万	64万	76%
1852.11.21	帝制復活	998万	782万	25万	78%
1870.5.8	体制信任	1,054万	736万	157万	70%

※大統領選挙欄の「賛成」は、ルイ=ナポレオンの得票を意味する

警戒していた。逆に、二月革命当初に政権を担当していた穏健共和派は大敗を喫し、七〇~七五議席程度にとどまった。

秩序派が議会の多数派を形成すると、議会の政治傾向はますます保守的になっていった。その主要な兆候といえる政策は、たとえば公教育問題である。ルイ=ナポレオン大統領による公教育の世俗化政策は、公教育大臣カルノが更迭されたことによって挫折し、秩序派の思惑どおりに公教育におけるカトリックの影響力が温存された。

さらに、議会が採択した一八五〇年五月三十一日法は選挙権資格を制限することを目的としており、これにより普通選挙制下に一〇〇〇万人ほどいた有権者は六〇〇万人にまで減少した。この措置は、ルイ=ナポレオンを支持した社会下層を有権者から排除することになり、ルイ=ナポレオンを大統領におしあげた普選制を事実上の廃棄に追いこむという意味をもっていた。

以上のように、議会の保守化が明らかになるにつれ、ルイ=ナポレオン大統領の政策は秩序派のそれから乖離《かいり》する傾向を強め、必然的に大統領と議会の対立が激化していった。とりわけ既述の二つの

政策（公教育と選挙法）については、彼と秩序派の対立がいよいよ深刻になった。ルイ＝ナポレオンは、秩序派が期待したほどのイエスマンではなかったし、操りやすい愚鈍な政治家でもなかったのである。

議会の保守化と並行して、大統領官邸では大統領派（「エリゼ派」）が形成されはじめ、一八四九年十月以降、ルイ＝ナポレオンは秩序派に対抗すべく行動をおこした。歴史家が「大統領職にあり、かつ統治する」時期（四九年十月三十一日～五一年一月二十四日）と呼ぶ局面の開始である。

ルイ＝ナポレオンは、大統領の再選を禁止する憲法の改正と普選制復活を要求し、議会と衝突した。憲法改正に必要な賛成は投票議員の四分の三以上であり、常識的に考えれば、秩序派が多数を占める議会でルイ＝ナポレオンの求める憲法改正が実現する可能性はきわめて小さい。しかし、そもそも秩序派じたい一枚岩ではなかった。しかも、大統領任期が切れる一八五二年が近づくにつれて、ルイ＝ナポレオンが議会に対してクーデタをおこすかもしれないという警戒感も秩序派のなかに大きくなっていった。なぜなら、ルイ＝ナポレオンが政権を保持しつづけるためには、合法的に憲法を改正するか、非合法に権力を奪取するかという二者択一しかなかったからである。これに社会の混乱という要素がくわわり、秩序派のなかから政権安定を求める者が少しずつ大統領支持に回りはじめた。

クーデタを画策するルイ＝ナポレオン（右端）とその仲間たち

一八五一年五月三十一日、ブロイ公をはじめとする二三三名の議員団が、おそらくはルイ＝ナポレオンと協議のうえ、憲法改正案を議会に提出した。これは七月十九日に投票に付され、賛成四四六、反対二七八で賛成票が四分の三に届かず否決された。その三か月半後の十一月四日になると、憲法改正案そのものは否決されたものの、この時点で成立にわずか七票足りないだけとなり、議会にルイ＝ナポレオン支持派が確実に増加していることが明らかになった。

このあいだ、ルイ＝ナポレオンは着々と軍隊、警察や行政機構などの権力機構を掌握していった。議会側（とくにオルレアン派）も大統領に対抗して策謀をめぐらせ、議会によるクーデタ計画が練られたが、ルイ＝ナポレオンのほうが巧みだった。いまだ油断が支配するなか、一八五一年十二月二日早朝に突如として議会が解散され、主要な反対派議員や軍人が逮

シャンガルニエ将軍の逮捕

捕され、普選復活と新しい議会選挙などの措置をもりこんだ布告が街中に掲示された。一部の反対派の議員や知識人がクーデタに抗議してたちあがるよう訴えたが、つい四年ほど前の二月革命で闘ったパリ市民は、事態をただ静観するだけだった。文豪ヴィクトル・ユゴは、パリ市民の無関心をみて分が悪いことを察知し、早々にベルギーに亡命した。フランス各地に散発的な抵抗運動がみられはしたものの、それらが広がりをみせることはなく、クーデタは完璧《かんぺき》なまでに成功した。

ここにみられるパリ市民の態度は、十二月二十～二十一日におこなわれた人民投票の結果に裏うちされることとなる。なぜなら、クーデタ賛成七四四万票に対し、反対は六四万票ほどでしかなかったからである。なんと投票総数の九〇％（有権者の七六％）の賛成により、大多数の国民は、議会よりもルイ＝ナポレオン大統領を支持したのである。

ナポレオン帝国の復興——皇帝になった「馬鹿者」

クーデタ後、ルイ＝ナポレオン自身はあまり気が進まなかったともいわれるが、腹心ペルシニ内相は帝政復活への動きを強力におしすすめた。彼が書きのこしたメモは、そのことを雄弁に物語っている。

彼が何といおうと、私は彼を皇帝にするのだ。彼にむけられることになる「皇帝万歳」などの叫びによって、彼の耳にそれ以外のことが聞こえないようにすることだろう。

夏ころになると、全国の県会が帝政復活やルイ＝ナポレオンの独裁権力を望む旨の請願を議決するようになった。そのうち、九県会が帝政復活を要望し、四九県会が権力の安定を望む内容を、二七県会がクーデタの成功を祝福する声をパリに送り届けた。たとえば、そうした動向の先頭を走っていたジロンド県（県都ボルドー）では、オルレアン派が強固な地盤をもったとされる地域であったにもかかわらず、早くもルイ＝ナポレオン大統領誕生の翌年には、県会において執行権力の強化を求め、その方向で改憲を請願する決議がなされた。ちょうどそのころボルドー市長に就任したアントワーヌ・ゴティエが、当地の世論を代弁してくれる。

ルイ＝ナポレオンは、フランスにみられるさまざまな傾向によって、新たな帝国の立憲的・世襲的元首になるべく運命づけられているのである。

他方で、ルイ＝ナポレオン自身は地方の世論状況を探るため、九月から十月にかけて地方遊説にでかけた。すべての地方に、かならずしも帝政復活を望む雰囲気ばかりがみられたわけではなかったこともあろう、ルイ＝ナポレオンは、帝政復活を匂わせる発言を少しずつ慎重に増やしていった。こうして九月二十日のリヨンでは、皇帝称号の正統性について発言するにいたる。

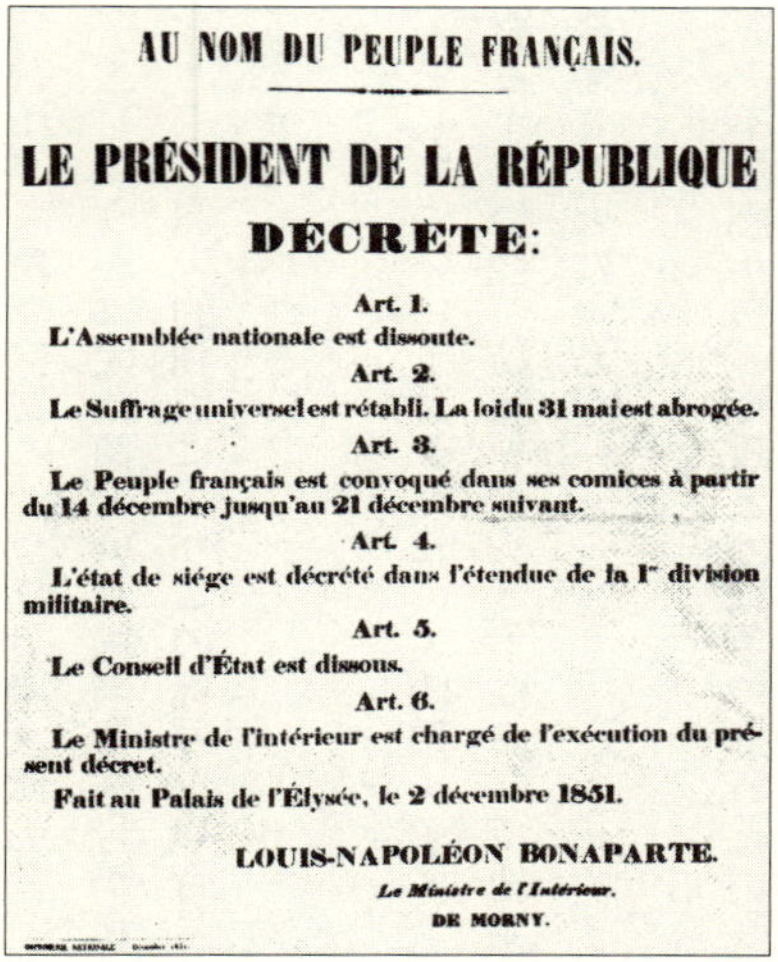
AU NOM DU PEUPLE FRANÇAIS.

LE PRÉSIDENT DE LA RÉPUBLIQUE

DÉCRÈTE:

Art. 1.
L'Assemblée nationale est dissoute.

Art. 2.
Le Suffrage universel est rétabli. La loi du 31 mai est abrogée.

Art. 3.
Le Peuple français est convoqué dans ses comices à partir du 14 décembre jusqu'au 21 décembre suivant.

Art. 4.
L'état de siége est décrété dans l'étendue de la 1re division militaire.

Art. 5.
Le Conseil d'État est dissous.

Art. 6.
Le Ministre de l'intérieur est chargé de l'exécution du présent décret.

Fait au Palais de l'Élysée, le 2 décembre 1851.

LOUIS-NAPOLÉON BONAPARTE.

Le Ministre de l'Intérieur,
DE MORNY.

クーデタ時に掲示された布告。議会解散（第1条）、普選制復活（第2条）などの表現がみえる

三度にわたり人民によって選ば

れ、宗教の首長によって聖別された……皇帝のほかに、だれが正統性をもつというのでしょうか。大統領という穏当な称号が私にあたえられた使命を容易にしうるとしても、……個人的利害によりこの称号を皇帝号にかえたいと望むとすれば、それは私ではありません。

そしてついに十月十九日、大統領ルイ＝ナポレオンが、約四〇年前に瓦解《がかい》した帝国の復活をみすえつつ、訪問先ボルドーにおいて地元の名士たちに歓迎されるなか、決定的な言葉を発することになる。

不信感から、帝政とは戦争であるという者もいます。それに対し、私はこういいます。帝政、それは平和である、と。……栄光はまさに遺産として継承されますが、戦争はそうではありません。

ここにみる、研究者によって引用されることの多い「帝政、それは平和」という発言の背景には、道路網、港湾、河川、運河などの整備、鉄道網の充実化、アメリカ大陸との連絡を迅速化するなどの野心的な経済政策構想が横たわる。

人民投票の結果、圧倒的多数の賛成により帝政が樹立されたのは、その約二か月後のことである。彼が採用することになる「ナポレオン三世」という称号は、伯父ナポレオン一世の子ローマ王（のちのライヒシュタット公）が短期間ながら「ナポレオン二世」として法的に在位したことを配慮したからにほかならない。いうまでもなく、彼は自分がナポレオン帝国の継承者であることを誇示したのである。

だからといって、マルクスが「茶番」とまでいいきった第二帝政が、第一帝政の単純な再現であると考えるなら、それは正しくない。そもそも、時代背景がナポレオン一世のころとは異なる以上、ナポレオン三世の帝政が第一帝政の単なる再現にとどまるはずがなかった。既述のとおり、ナポレオン三世は、伯父の成功と失敗に学びつつ、亡命期間中に独自の政治理念を形成していった。先にみた経済政策は、もちろんその一端をなす。ナポレオン三世は、フランス政界に登場したとき、「陰謀家」、「冒険家」、あげくには「馬鹿者」などと呼ばれ、既存エリートから過小評価されつづけた。「小ナポレオン」（ユゴ）は、いまや強大な権力をもつ皇帝にまでのぼりつめ、若き日からはぐくみつづけてきた理想を実行にうつす時がやって来たのである。

「ローマ帝国」の復活？――戴冠式計画

ヨーロッパ諸国は、フランス帝国の再出現を懐疑的な目でみないわけではなかったが、もはや四〇年前の対仏連合再現への動きはみられなかった。それ以上に重視すべきは、復活した帝国の支持基盤に教皇至上主義者を自認する多くの下級聖職者の存在があったことである。この下級聖職者は、ナポレオン伝説が強く作用する農村住民と日常的に接触し、それゆえ帝政の存立に無視できない影響力をもっていたため、帝政指導部からみれば非常にデリケートな存在であった。ナポレオン三世がカトリック教会と協力関係を築き、ローマ教皇とも良好な関係を保とうと腐心した背景には、そのような事情があった。

この状況において、ナポレオン帝国の復活を象徴的に表現するために計画されたのが、ローマ教皇による戴冠式の挙行である。ここで思いだされるのは、ナポレオン一世が一八〇四年にパリ・ノートルダム大聖堂において挙行した教皇をまねいての戴冠式であろう。ナポレオン三世もまた、伯父にならいパリに教皇をまねいての儀式を望んだ。したがって、少なくとも形式的・理念的には、ナポレオン一世の事例と同様に、ローマ皇帝即位という伝統がみすえられたといえる。

しかし交渉の過程で、ローマ教皇は見返りにフランス革命・ナポレオン期に断行されたフランス国内の教会権力弱体化を旧に復すよう要望した。さらに教皇は、パリではなくローマでの戴冠式挙行を主張しさえした。一七八九年の革命原則にたつナポレオン三世は、当然ながら教皇の考えに賛同することができず、ついにはナポレオン一世にならった戴冠式の挙行を断念した。

彼が教皇列席の形式をとっての戴冠式挙行にそれほどこだわらなかったのは、やはり教皇とカトリック教会との関係をこじれさせたくなかったという要因が大きかったからだと考えられよう。じじつ、下級聖職者に多かった教皇至上主義者を代表するヴィヨなどは、熱烈に帝政を支持していた。また他方で、帝政下に外国宣教会によって推進されたアジア方面への布教活動について、ナポレオン三世は好意的な姿勢をみせた。革命の時代を終わらせ、社会の安寧を維持するためには、帝政にとってカトリック教会の役割が不可欠だったのである。しかし、それがナポレオン三世とその体制にとって諸刃《もろは》の剣《つるぎ》でもあったことは、後述の親イタリア政策をみれば明らかであろう。

ナポレオン三世の結婚

再興されたばかりのナポレオン帝政には、もとをたどればクーデタから誕生したという側面をもったこともあり、体制の安定性と持続性を不安視する向きもあった。それゆえ、王朝としての存立を確固たるものにするため、皇帝ナポレオン三世の正統な後継者が待望されることにもなった。

このようにして、結婚問題は喫緊の課題と考えられ、ペルシニ内相やドゥルワン・ド・リュイス外相などの側近は、ナポレオンがヨーロッパ諸国の宮廷と近しい関係をとり結ぶことを切望して、さっそく王侯貴族の子女のなかから妃候補を探しはじめるほどであった。この過程で、たとえば旧スウェーデン王室の息女カロラ・ヴァーサ（グスタフ四世の娘）、ホーエンローエ・ランゲンブルク公女アーデルハイトなどが候補にあがった。彼女たちは、マリ＝ルイズのようにヨーロッパ第一級の貴族家系に属したというわけではないが、前者はボナパルト家の縁戚にあたり、後者はイギリスのヴィクトリア女王の姪にあたるなど、血縁関係の点では大きな支障はなく、側近の期待にかなうものであった。

しかし、いずれの候補もプロテスタントであったということは、カトリック教会を重要な支持基盤とする彼とその帝政にとって、けっして歓迎すべきことではなかった。しかも、ナポレオン三世自身が、この側近の動きに賛同していたというわけでもなさそうである。じじつ、彼は自分の考えに忠実に、ユジェニ・ド・モンティジョ（スペイン名エウヘニア・デ・モンティホ）というスペイン貴族の娘との結婚を決めてしまった。彼は、大統領になったあとの一八四九年にパリで開かれたレセプションで、すでに彼女を見染めていたのである。皇帝の決断に対して、周囲からは反対の声も聞かれたが、彼がそれに耳を貸すことはなかった。

ユジェニは、スペイン戦争においてナポレオン軍に従軍したテバ伯を父にもち、熱心なカトリック教徒であった。しかし、彼女の保守的な態度は、のちに彼女が皇帝不在時に摂政として帝国政府の指揮にくわわったとき、ことに対独戦争時に、帝政の命運にとって決して無視できない影響をあたえることになることになるだろう。

一八五三年一月二十二日、ナポレオン三世はテュイルリ宮に招集した政府要人と議員団を前にして、結婚の意思を表明することになった。

私がなす結婚は、古い政治の伝統とは合致しません。……それこそが利となるのです。

つまり、王朝間のつながりを強化するという方向にない結婚が好ましい結果を生む、とする考えが示されているわけである。では、ナポレオン三世の真意とは何だったのだろうか。つづけて彼はいう。

古いヨーロッパを前にして、新しい原理の力によって古い王朝の高みにたつならば、それは紋章の古さを増すことによって……王たちの一族への仲間入りを、何が何でもなそうと試みることによってではありません。それはむしろ、つねに自分の出自を忘れることなく……ヨーロッパに対して、偉大な人民の自由な投票によって到達した、栄光の称号である者の地位に躊躇なくつくことによってです。

ここに明言されるように、ナポレオン三世にとって、人民の意思にもとづく皇帝位こそがその体制の生命線なのであって、伝統的王朝との血のつながりを強化することは、帝政の正統性になんら寄与しないのである。

このようにして、ナポレオン三世は、新たに皇后となるユジェニがマリ＝ルイズではなく「ジョゼフィーヌ皇后の美徳を同じ立場において復活させる」ことになるとの確信を表明して、自身の結婚を正当化した。もちろんこれは、ナポレオン一世がハプスブルク家との婚姻関係によって旧来の王朝網にくいこもうとしたのと異なる立場の表明であり、三世が人民投票に依拠するナポレオン帝政の原則的立場を重くみていたと理解することは、さして難しいことではなかろう。

ところで、帝政復興の直後にだされた一八五二年十二月十八日のデクレは、もしナポレオン三世に嫡子がないばあい、皇位がジェロム家系に継承される旨を定めていた。しかし、のちにルイ皇太子が誕生したことにより、このデクレは無効になる。一説には、これによりジェロム家のナポレオン親王は、ユジェニ皇后との仲が悪化し、帝政期をつうじてナポレオン三世と一定の距離をたもつ原因ともなったとされる。

V 「ナポレオン」の退場——フランス最後の君主の悲劇

フランスの「栄光」を求めて——ナポレオン三世の国内事業

帝政の栄光を追い求めるナポレオン三世は、軍事・外交とは異なる分野でもフランスの威信を対外的に知らしめることに腐心した。その背景には、十八世紀後半のイギリスを皮切りとして、ヨーロッパ大陸でもフランスを先頭に「産業革命」と呼ばれる経済的な大変動があった。これは「交通革命」ともあいまって、ヨーロッパ経済を大きく発展させた。フランスでは、ほぼ全国に鉄道網が張りめぐらされ、パリと地方の連絡が飛躍的に容易になった。喜望峰をこえてのアジア・オセアニア地域との貿易関係が強化されるのにともなって、国内の港湾整備も精力的にすすめられた。くわえて、遠隔地間のコミュニケーション手段として、電信技術が発展したことも連絡の迅速化に寄与した。一八三一年のファラデーによる電磁誘導の発見は磁気から電気をとりだせることを示し、モールス電信として実用化され、一八五一年十月のウィーン会議にもとづきヨーロッパで実用化がはじまった。

パリの都市改造は、ナポレオン三世がことのほか力をいれた事業のひとつである。たとえば「まえがき」で触れたように、現在のパリの街並みが、その基本的な部分についてナポレオン三世のパリ改造事業に負うことを忘れてはならない。昼間でも薄暗く曲がりくねった細い道に古びた家が密集し、下水道が歩道にむきだしになって、排水溝にゴミが散乱し悪臭で満ちているといった状況にあったパリの街は、つねにコレラ流行の危険性を内包していた。ナポレオン三世は、道路網や公園・広場、上下水道、街灯を整備するなどし、開放的で清潔な街づくりを大規模に推進した。この都市改造は、その実施責任者となったセーヌ県知事オスマンの名をとって「オスマニザシオン（オスマン化）」とも呼ばれる。オスマニザシオンは、街づくりのモデルとして国境をこえて影響力をもった。

そのほか、代表的な事業として、帝政期に二度も開催されたパリ万国博覧会をあげることができる。国際的規模の博覧会を開催するという発想は、ミシェル・シュヴァリエをはじめとするサン＝シモン主義者によって発展させられ、第二帝政下に実現したものである。シュヴァリエは、政府提出法案の作成をになうコンセイユ・デタ評定官に登用され、経済政策に関する皇帝の最高顧問として手腕を発揮した、当時の代表的な経済学者である。ナポレオン自身、すでに万国博覧会開催の考えをもっていたといわれ、イギリス、アメリカ合衆国の産業発展に刺激されつつ、サン＝シモン主義の理念をバックボーンとする政策提案（鉄道網整備、銀行制度の確立、職業教育の充実、自由貿易推進など）をおこなっていた。そのようなこともあって、彼は一八五一年に開催されたロンドン万博に強烈なインパクトをうけた。とりわけ、鉄使用の建築や機械類に感銘をうけ、鉄生産先進国イギリスを凌駕《りょうが》する万博を開催しようとの意欲に満ちていた。

このような経緯から、ロンドンで除外されていた農業や商業などの部門も展示物にくわえ、まさしくこの世の「万有 universelle」を展示する国際博覧会が構想されることになった。ナポレオン三世がいうように、「万国博覧会はたんなるバザールではない。それは諸国民の力と天才が輝かしく示される展覧会」(一八六三年)という位置づけがあたえられたのである。

なお、帝政下にはフランスワイン業が現代の研究者によって「黄金時代」とも評されるほどの繁栄を享受したことも付記しておこう。これには、当時の研究者たちの貢献も大きかったのであるが、その代表的な例をあげれば、六七年万博でルイ・パストゥールが酸化原因のバクテリア殺菌法を発表し、グランプリを受賞したことが注目される。この加熱殺菌の手法は「パストゥリザシオン」と呼ばれ、フランスのワインづくりに大いに貢献することになろう。

軍事・外交分野での展開――理念と国益の狭間で

ナポレオン三世の理想には、ナショナリズム(国民主義)の原則にたちつつ、古いヨーロッパ(ウィーン体制)を打破するという目標があった。たとえば、クリミア戦争(一八五三〜

五六年）では、ロシアがギリシア正教徒を保護する名目でイエルサレム聖地管理権を要求してオスマン帝国と開戦し、ロシアの南下（東地中海進出）に対抗してイギリスと共同で参戦した（一八五四年）。結果はロシアの敗戦に終わり、一八五六年、パリ講和会議でロシアのベサラビア放棄、トルコ領保全、ドナウ航行自由、黒海中立化が決定され、ロシアの南下政策が挫折した。ここでナポレオン三世は、じじつ上、ルーマニア独立に尽力した。こうした経緯により、ナポレオン三世のフランスはヨーロッパ国際政治の中心的役割を果たすようになったのである。

クリミア戦争ののち、仏墺戦争（一八五九〜六〇年）は、四八年からのサルデーニャ王国による対墺宣戦にはじまるイタリア統一戦争の一環となった。一八五九年には、サルデーニャと共同してオーストリアと戦い、勝利した。フランスは、オーストリアと単独講和し、サヴォワとニースのフランスへの割譲とひきかえに休戦した。結果的に、イタリア半島はサルデーニャ王国を中心に統一されることとなった。オーストリアとの単独講和は「ヴィラフランカの裏切り」とも呼ばれ、イタリア側の失望を呼ぶことになるが、フランスの介入がなければ、この時点でイタリアという国民国家が誕生することはなかっただろう。仏墺戦争をきっかけに、フランス国内でナポレオン三世の親イタリア政策に対する激しい反発があったが、その中心に教皇至上主義者たちがいたことはいうまでもない。彼らは、イタリア国家の樹立がローマ教皇を不利な状況に陥れることへの危機感を覚えたのである。

こうしてフランスは、ヨーロッパにおいて、ルーマニア公国の形成やイタリア統一に少なからず寄与し、ナショナリズム（国民主義）の旗頭としての存在感も増すことになった。この過程において、第二帝政期には対外進出も積極的にすすめられ、フランスの植民地は倍増した（三〇万平方キロメートルから一〇〇万平方キロメートルに）。アフリカでは、アルジェリア、セネガル、チュニジアに植民をすすめ、一八六九年にはスエズ運河を開通させた。布教活動が先行したアジア、オセアニアへの進出については、アヘン戦争でイギリスに敗れた清《しん》国と黄埔《こうほ》条約（一八四四年）を結び、イギリスと共同でアロー戦争（一八五六～六〇年）ののち北京《ペキン》を占領して中国での足場を固めた。そのかたわら、英・米・露・蘭とともに日本と修好通商条約を締結した（一八五八年）。フランスが幕府との良好な関係を保ち、緊密な日仏関係を築くのもこれ以降のことである。

他方、ヌヴェル・カレドニー占領（一八五三年）ののち、一八五八年にカトリック宣教師の保護を名目に清国属領ベトナムに侵入し、翌年サイゴンを占領、一八六三年にカンボジアを、一八六七年には南ベトナムを保護領とした。さらには、ナポレオンはラテン・アメリカにフランスの影響力を拡大しようと企図し、一八六二年、メキシコ在のフランス人の権益保護を口実として、銀や錫《すず》など天然資源の豊富なメキシコにイギリス・スペインとともに出兵

ナポレオン三世による徳川昭武謁見（1867年）

した。この遠征は、メキシコ側の猛烈な抵抗とアメリカ合衆国との軋轢を生み、みずから擁立した皇帝マクシミリアンが処刑されるなどして挫折し、一八六七年までに撤兵を余儀なくされた。

しかし、ナポレオン三世にとって、フランスの栄光はかならずしも軍事的成功と直結するわけではない。在位中くりかえし表明されたのは大国会議構想であり、現状を冷静に見極めフランスの国益を擁護しようとする現実主義的な思考もまた強かった。したがって、大国の利害が複雑に絡みあうヨーロッパ外交の場において、ナポレオン三世にとっては理念と国益の衝突が避けられなかった。たとえば、一八六三年、ロシア支配下のポーランドで反乱が勃発したとき、悩んだ皇帝の結論はこうだった。

私はポーランドのために戦争はしない。フランスの国益がそれを要求しないからだ。

伯父ナポレオンと浅からぬ縁をもち、若き日にみずからも心をよせていたポーランドといえども、フランス皇帝としての判断は冷徹にならざるをえなかった。ここには理念と国益のあいだで揺れる皇帝の姿がはっきりとみてとれよう。このことは、次にみるドイツ統一問題についても同様である。

意に反する対独宣戦布告

隣国プロイセンは、十九世紀にはいると着実に力をつけていき、ドイツ人の諸国家のなかでオーストリアとならんで突出した存在になっていった。一八六六年、オーストリア戦（サドヴァの戦い、またはケーニヒグレーツの戦いともいう）に勝利して主導権をにぎると、オーストリアを排除した形（小ドイツ主義）でドイツ人の統一国家を建設する方向にむかう。その一方で、ナポレオン三世は、フランスの隣に強大な統一国家が成立することに難色を示し、これがプロイセン宰相ビスマルクの目に邪魔に映った。かくして、普墺戦争でのプロイセンの圧倒的勝利を機に、ドイツ統一をめざすプロイセン宰相ビスマルクと、それに異を唱えるナポレオン三世の対立が激化する。

「サドヴァの衝撃」を前に、フランス国内ではプロイセン脅威論が強まった。六八年には、ビスマルクは裏で策を弄《ろう》し、プロイセン王族ホーエンツォレルン＝ジークマリンゲン家レオポルトを次期スペイン国王候補にすえることに成功した。七〇年七月初めにこの情報がもたらされるや、フランスの世論は一気に沸騰する。政府は世論を沈静化させるため、六日午後、議会において断固として抗議する旨の答弁を余儀なくされた。

その一方で政府は、大使ベネデッティをプロイセン王の保養先エムスに派遣し、候補辞退をひきだすよう交渉を命じた。数日間の駆け引きの結果、十二日早朝にレオポルトの候補辞退という情報が政府にもたらされた。平和的解決を模索していたフランス外交の勝利である。安堵したナポレオン三世はこう書きのこした。「これで平和になる……たとえフランスの世論が別の解決を望んだとしても」。

ところがその直後、ナポレオン三世は対独開戦にひきずられていくことになる。彼自身は最後まで大国会議による解決を提案しつづけたが、十二日の午後、サン＝クル城を訪れた保守的ボナパルト派ら抗戦論者が皇帝を説得したとみられる。皇帝とグラモン外相は、将来にわたっての候補辞退を保証する言質をプロイセンに求めることを決定し、「将来においてもスペイン王位を放棄する」ことを確約させるよう、再び在ベルリン大使をヴィルヘルム一世のもとへ派遣する。エムスに滞在中のプロイセン王は、その件がすでに解決済みだという理由で会見を拒否し、ことの顚末《てんまつ》をベルリンにいるビスマルクに打電した。

この時点で、プロイセン王がフランス側の要求を拒絶するのは明らかで、フランス側の保証要求は、宣戦布告に等しい措置だったとさえいえる。ビスマルクは、電報の「フランス大使との会見を拒否した」という部分だけをマスコミ（新聞）に流し、あたかもプロイセン王がフランスを門前払いしたかのような印象を世論に植えつけることを意図した。「エムス電報事件」（十三日）と呼ばれるビスマルクの策謀であった。のちのドイツ帝国宰相は、フランス側から戦端を開かせることに成功したわけである。

七月十四日、記事がドイツの新聞に掲載されるや、たちまちフランスにもその一報が伝えられ、フランス国内に反プロイセンの世論が渦まいた。ナポレオン三世自身は戦争に乗り気ではなく、依然として会議外交を開催するか、あるいはイギリスの仲介を期待する方向で考えていたが、閣僚会議の意見はまとまらなかった。

十四日の午後になっても、なお平和的解決のために大国会議を模索する皇帝に、対独強硬論者の皇后は声をかけた。「あなたの考えが国民感情に合致しているとは思えないわ」。長らく病に冒され、かつての強力な指導力を発揮できなくなっていた皇帝は、側近や議会、世論の強硬論の前に、みずからの大国会議構想を貫きとおすことができなかった。表決の段になって、ついにナポレオンはこう残して退室した。

私は立憲君主だから、会議の多数派にしたがう。

こうして、日をまたいで継続された閣僚会議において、ユジェニ皇后が会議を主宰し、ルブフ元帥など好戦派の支持のもとに開戦を決定した。別室で就寝していたナポレオンは、閣僚会議の決定書への署名のためにおこされ、眠気まなこでペンをとった。

この十五日には、議会で戦費のための補正予算が提出された。議会にもまた、好戦的な雰囲気が満ちていた。のちに急進共和派として第三共和政初期に政界をリードすることにもなるガンベッタの演説は、そのような雰囲気をよく反映している。

この戦争の目的とは、フランス民族とドイツ民族のあいだの優劣問題を永遠に解決することである。

補正予算案は、議会において圧倒的多数(賛成二四七票、反対一〇票)で可決された。世論に駆りたてられる形で、対独戦が決定されたのである。イギリスの駐仏外交官は、「今回の件では、フランス政府は国民の先頭にたつのではなく、国民に追従している」と本国に報告している。

七月十九日、在ベルリン大使をつうじて宣戦布告書がビスマルクに手渡された。ナポレオン三世は、「戦場を駆けるにはあまりに年をとりすぎている」とは漏らしたものの、皇帝である自分が先頭にたって指揮することを決意した。出立前に皇帝を訪れた議員団の見送りに際して、ナポレオンはそれまでと同じ心境を口にした。

戦いが開始される前に勝利を叫ぶのは、狂気というものでしょう。戦争は長く困難なものになるでしょう。

戦場にむかう途上では、「皇帝万歳！　フランス万歳！」の叫びを耳にして側近につぶやいた。「熱狂はいいことだが、時として非常に滑稽だ」と。その行動は、本心とかなりかけ離れたものだったのである。

たしかに、ドイツという国民国家建設そのものは、ナポレオン三世自身の理念に背くものではない。しかし、フランスの国益という観点からいえば、それはヨーロッパ政治の勢力図を大きく変更する一大事にはちがいなく、これに対抗措置をとらざるをえないという逆説的状況が生まれた。しかも、軍事的劣勢は目にみえている。後世、敗戦の責任はナポレオン三世におしつけられ、独仏戦争はかっこうの批判材料となった。しかし、以上の経過をみてもわかるように、戦争を望んだのはフランスの国内世論だった。じじつ、開戦直前にナポレオン三世が国民にあてて発した宣言がそれを如実に物語っている。

抗しがたい高揚のなかで、われわれに開戦を命じたのは、国民全体である。

病身のナポレオン三世——歴史に埋もれた「英雄的行為」

ナポレオン三世は、すでに在野期にあってプロイセン軍制の優秀性を賞賛し、これにならった軍事改革を訴えたことがある。一八六八年の軍制改革の試みはこの線に沿うものだが、議会の反対により挫折した。フランスの軍備がプロイセンに劣ることは、もはや彼の目には明らかだった。いざ戦場にたったとき、彼は自分の判断が正しかったことを確信したにちがいない。しかし、その確信が同時に自分の破滅を意味することもすぐさま悟ったことであろう。

すべてが無秩序、一貫性の欠如、遅延、議論、混乱というしかありません。何も準備ができていない。われわれにはあまり兵力がないのです。われわれが敗北するということを、私はすでに今考えています。

これは、彼が戦場からパリで摂政として帝国政府の指揮をとるユジェニ皇后に宛てた手紙である。ここに雄弁に語られているように、ナポレオン自身の予期どおり戦闘は不利に展開しつづけた。

その一方で、ユジェニ皇后は、パリへの一時的帰還を考えるようになったナポレオンに対して、戦場にとどまりつづけるよう釘《くぎ》を刺した。

恐るべき革命勃発の火をつけたくないならば、パリに戻ろうなどとは考えないでください。もしそんなことをすれば、［皇帝が］危険を回避するために軍隊から離脱するのだという声が、パリであがることでしょう。

戦況が好転する気配がいっこうにみられないなか、九月二日、意を決した六十二歳の老帝は病身を顧みず馬上の人となり、スダンの戦場に臨んだ。折からの結石の悪化で、長時間に

ビスマルクと降伏したナポレオン三世

わたり騎乗することはもはや不可能な身体になっていた。馬上での振動が、膀胱《ぼうこう》の石に由来する激痛と連動していたからである。しかし、劣勢を挽回《ばんかい》することができそうにもないと悟った彼は、躊躇《ちゅうちょ》なく白旗をあげさせ、プロイセン王に降伏の意を伝えた。

親愛なるわが兄弟よ、軍隊の先頭にたって死ぬことができなかった私には、もはやわが剣を陛下の手にゆだねるしかありません。

プロイセン王ヴィルヘルム一世は、まさかナポレオンが戦場にいるとは思ってもみなかったため驚いたという。

直後、ビスマルクはさっそく交渉を申しいれたが、ナポレオンは「私がひきわたした剣は、皇帝の剣であって、フランスの剣ではありません」と述べ、拒絶した。自分には交渉権がないというのである。ビスマルクが「交渉権は誰にあるのですか？」と問いかえすと、ナポレオンは敢然として「それは現在ある政府です」と答えた。皇帝が捕虜となり、帝国が犠牲になったとしても、フランスは降伏していないとの言明である。第二帝政史家ダンセットは、いみじくもこれを「歴史に埋もれた英雄的行為」と評した。

ナポレオン三世は、パリで摂政の任にあるユジェニ皇后に宛てて、淡々とした内容の電報を送るのみであった。

わが軍は敗北しました。わが兵士たちのただなかで死ぬことができず、軍隊を救うため捕虜にならざるをえませんでした。ナポレオン

しかし、ナポレオンの「英雄的行為」がフランス国内で称《たた》えられることはなかった。ここに、対独敗戦で退位に追い込まれたフランス最後の皇帝の悲劇がある。

混乱のなかでの帝政瓦解――廃位から亡命へ

本国では、ナポレオン三世の信任が厚かったエミル・オリヴィエの内閣が議会の不信任の

前に倒壊した。共和派として帝政から距離をおき政治活動をしていたオリヴィエは、六〇年代の自由主義的改革を支持して、一八七〇年一月からナポレオンの要請で内閣を組織した人物である。戦況悪化のなか、オリヴィエの責任を問う保守的ボナパルト派の攻勢にあい、辞任に追いこまれたのである。その中心には、ユジェニ皇后がいた。彼女は保守派を中心とする内閣を組織すべく、戦場の皇帝に諮《はか》ることなく、すでに七十四歳に達していたパリカオ伯クザン・モントバンを首相兼陸相に指名した。モントバンは、北京夏離宮略奪で名を馳せた軍人である。ユジェニの措置は、もちろんナポレオン自身の改革路線とは相容れなかった。帝政の舵《かじ》とりという面で致命的であるともいえた。このようにして、ナポレオンを排除した形で、摂政ユジェニ皇后を中心とする帝国政府の反動的な運営がなされたことは、帝国の命運に致命的な打撃をあたえることになった。

皇帝が捕虜になったという報は、まもなくフランスに届いた。九月四日、折から反体制的だった一部の市民はパリで蜂起し、議会に乱入して議員たちに帝政の廃止を宣言させ、その夜にパリ市庁舎で臨時政府（国防仮政府）の樹立が宣言される。摂政として政府の指揮をとっていたユジェニ皇后はテュイルリ宮を脱出し、五日後にはイギリスにわたった。つまり帝政崩壊は、街路での争乱状態を利用した一部の議員による、いわば一種のクーデタによるものといえる。なぜなら、憲法上、体制選択の権限は「人民」にあると規定されており、議会は体制変更を決定する権限を本来もたないからである。こうして、ナポレオン帝政はもろくも瓦解し、第三共和政が樹立された。

同年五月に実施されたばかりの人民投票では、帝政信任に投じられた七三六万の賛成票（反対一五七万）により、ナポレオン三世は「これぞ私の数字だ」と誇示するほどに体制の安泰を確信したばかりだった。首相オリヴィエもまた「こんにちほど平和が確約された時代はない」と安堵感に包まれていたほどである。そうした安心もつかのま、対独敗戦によって帝政の命運はいともあっさりと尽きたのである。

晩年のナポレオン三世

その後ナポレオンはドイツからイギリスに亡命し、ロンドン郊外のカムデン・プレイスに落ち着く。元皇帝のもとには、ヴィクトリア女王やグラッドストーンなどイギリス要人の訪問があいついだ。彼は地域社会になじむ努力を惜しまず、地域の人びとは元皇帝に親近感をもって接した。かといって、フランス政界復帰の希望を捨てたわけではなかった。「私の役割は簡単だ。事がおきるのを待ちつづけ、混乱の原因にではなく、無秩序に抗する結集点になるようにすればよいのだ」

との考えから、自分の大臣を長くつとめたルエルとも連携しつつ、フランス国内のボナパルト派をイギリスから指揮しつづけた。

ティエールとの対峙――帝政再興の野望

さて、九月四日に共和派を中心に組織された国防仮政府がドイツ宰相ビスマルクとのあいだに締結した休戦条約にしたがって、国民議会選挙が実施され、翌年二月十二日にボルドーにおいて新議会が召集されることとなった。この議会は、軽蔑的に「オブロ議会 Assemblée des hobereaux」(オブロは、田舎者を意味する)と呼ばれることからわかるように、農村を地盤とする王党派議員が全議席の三分の二という多数派を占めた。すなわち、六八七議員中、オルレアン派が二一四議席、正統王朝派が一八二議席を占有し、ボナパルト派は多くとも一九議席しか獲得できなかった(うち、四名が「ボナパルト派」を名のりコルシカから当選)。したがって、この議会は自分こそが真の国民代表であるとするナポレオン三世の抗議を黙殺するとともに、圧倒的多数によりナポレオン三世の廃位を議決し、敗戦の責任が彼にあることを宣言した。

このボルドー議会によって、新しい憲法制定までの暫定的な行政長官に任命されたのが、旧オルレアン派であり、第二共和政下に秩序派リーダーとして指導力を発揮していたティエールである。すでに述べたように、ナポレオン三世の帝政が誕生する大きな契機になったのが、大統領選挙において秩序派が彼を支持したことだった。くしくも、二〇余年前の因縁の二人が対峙することになったのであるが、ただし今回は敵対する者どうしという関係においてである。

パリ・コミューン（七一年三～五月）という革命的市政体を徹底的に弾圧したことで知られるティエールは、フランス再建を当面する問題であると考え、政体（つまり新憲法）の問題を先送りにしていた。いいかえれば、ティエール期はあらゆる党派にとって、みずからがめざす政体の実現に期待することができた時期でもある。

ナポレオン三世もまた、自分のおかれた境遇が一時的なものであると判断していた。ある日、腹心ルエルに対して「パリに帰還したなら、私がすべてをとりしきることにします」と語ったという。またある日には、息子ルイ皇太子に対して復帰の自信を口にしたこともある。

帝国は、その威光の五〇％をうしなったが、まだ残りの半分がある。オルレアン派と共和派は組織的に行動することができないから、この残りの五〇％によって、われわれが復帰するのには十分であるにちがいない。……われわれこそが、必要とされる解決策なのだ。

他方において、両王党派はともに王政復古を画策した。正統王朝派はシャルル十世の孫であり、王位継承権者であるシャンボール伯がアンリ五世として王位につくことを望み、オルレアン派はルイ＝フィリップの孫パリ伯のもとにつどった。ボナパルト派はといえば、帝政崩壊後はナポレオン三世の腹心として大きな存在感を発揮していたルエル（補選にて当選）を中心として一八七二年以降、議会内に「人民への呼びかけ Appel au peuple」派が形成された。ルエルは、開戦責任がプロイセンにあり、対独戦前夜の軍事予算への反対者に敗戦の責任があるとし、領土割譲の責任は国防政府に帰せられた。

［国民］議会は、政府の形態を変更するためにではなく、平和条約を交渉するために選出されたのである。普通選挙のもと、人民投票によって決定したことを変更することができるのは、別の人民投票のみである。

この内容から容易にわかるとおり、フランス国内の「人民への呼びかけ」派は、同じく人民投票の重要性を主張しつづけていた亡命中のナポレオン三世と連携し行動していたのである。

ボナパルト派の主張は、メディアをつうじて国内各地に宣伝された。農村地域では「ナポレオンはあまりに人がよすぎた、彼は騙《だま》され、裏切られたんだ」と涙ながらに語る農民の例や、「土地分割論者」の台頭に危機感をいだく小地主、帝政下の繁栄を享受した商人層などが、帝政への郷愁を示すなどの状況がみられるようにもなっていた。こうしたことのすべては、のちの議会選挙においてボナパルト派が一定の成功をおさめることにつながっていくことになろう。

ナポレオン三世の復帰計画

フランスへの帰還計画は、亡命後に住んだカムデン・プレイスにおいて連日のように練られていた。しかも、ユジェニ皇后とルイ皇太子にさえ知らされることなく秘密裏に事がすすめられた。二〇年前のクーデタでは、異母弟モルニ公や腹心ペルシニが忠実な協力者であったが、今回はいとこのナポレオン親王が近くでささえることになった。

ナポレオン三世のフランス上陸作戦について、計画に賛同して行動をともにすることが確実な少数精鋭の国内部隊指揮官と連絡をとり、いざ実行となった際に彼らが自部隊を出動させる。他方で、帝政下に警視総監をつとめたこともあるピエトリとも連絡をとり、パリの警察組織を掌握しようと企図した。さらには、いまだフランスに駐留するドイツ軍の介入がおこなわれないよう、あらかじめ手をうっておかねばならない。そのため、一八五一年のクーデタ以来、ナポレオン三世に忠実なフルリ将軍をつうじてビスマルクとコンタクトをとり、彼が皇帝復帰に否定的ではないこと、それがむしろフランス国内の対独復讐心《ふくしゅうしん》を緩和する効果を発揮し、独仏関係の安定に資すると考えていることなどを確信するにいたった。すべての下準備がととのったうえで、ナポレオン三世とナポレオン親王とが別々にイギリスを出国し、前者はオランダを経由してスイスにある親王の館にむかい、そこでおちあう。同じくそこで志を同じくする将官たちと合流し、レマン湖をわたって対岸のトノンに上陸し、そこからリヨンへと進撃する、という手はずである。あとは実行するのみだった。

ナポレオン親王との密談は、七二年十二月九日が最後になった。そのときナポレオン三世は、スイスにむかういとこに最後の決意を伝えた。

最悪のことが私におきる可能性があるとすれば、それは哀れなマクシミリアン皇帝のように銃殺されることだ。しかし、亡命先のベッドの上で死ぬよりましだ。

この時が両者の最後の別れになったのは、ナポレオンの持病がそのあとにわかに悪化したためである。よく歴史に「もしも if」は禁物であるというが、もし彼が病に邪魔されることなく、計画どおりに事をすすめることができていたならば……フランス史の展開がかなりかわったものになったであろうことは十分に考えられる。少なくとも、共和政の安定的確立は八〇年代になってもなおおぼつかなかったことだろう。

総じて、ナポレオン三世の治世は、全世界が大きく変化を遂げていく時代にあって、「フランスの栄光」を求めて苦闘する時期でもあった。結果的に、後続の共和政のもとで悪者として——ときに邪悪な独裁者として——描かれ、そのイメージが従来の歴史記述にも長く強固に定着してしまった。しかし、視点をかえれば、彼はナポレオンの名を代表する者が果たすべき役割を彼なりに自覚し、数々の挫折にもかかわらずつねに自身の政治的信念をもちつづけ、ついにはフランスの国家元首にのぼりつめた。彼の業績のなかで、第三共和政下に継承される側面はけっして少なくないばかりか、その帝政は最後まで国民的支持を集めていた。換言すれば、彼の帝政はフランス史の進展に逆行する反動的な体制などではなく、むしろその歴史に不可欠な順接的な局面であった。

第4章　帝国復興の期待の星——ナポレオン四世

ナポレオン三世唯一の嫡子であるルイ皇太子は、ライヒシュタット公（ナポレオン二世）と同じく、父帝の没落に連座し、若くしてフランスを追われ、多感な時期を国外ですごすことになる。そののち、国内ボナパルト派からフランス皇帝になることを期待されながらも故国の土をふたたび踏むことなく、異郷の地で死んでいくことになる。ルイは、「ナポレオン」の名を継承する者として、いかなる人生を歩んでいくのだろうか。その数奇な運命を追う。

I　慶事のなかで誕生した期待の星

帝国の栄光と「フランスの子」誕生

一八五六年三月十六日早朝、テュイルリ宮殿においてルイ皇太子が誕生した。ふだんはあからさまに感情を表現しないナポレオン三世も、さすがにこのときばかりはわきでる喜びをおさえることができなかった。そのとき同席していたのは、コンセイユ・デタ院長バロシュ、元老院議長トロロン、立法院議長モルニ公、国璽尚書《こくじしょうしょ》アバトゥシなどの高官、出生証明書作成の責任者である宮内大臣フルドのほか、一族からナポレオン親王、ミュラ親王らであり、彼らはすべて出生証明書に副署する任を負っていた。このなかで、ただナポレオン親王だけが深刻な表情で出産を待っていたという話も残っている。

ルイ（５歳）

それは、もし男子誕生となれば、皇位継承権が自分に回ってこないからだというのである。実際、出生証明書への署名を一時はためらい、妹のマティルド妃に諭されてようやく渋々と署名したという。

父帝ナポレオンは、嫡子に「自分の義務を思いおこさせる」ため「フランスの子 Enfant de France」という称号を贈った。摂政制度も設置されることとなり、皇帝に不測の事態が生じた際には、皇太子が十八歳の成人年齢に達するまで

シャム外交使節による拝謁（1861年）

のあいだ皇后が摂政をつとめることが決定した。

ルイ皇太子は、両親から「ルル」あるいは「小さな皇子 le petit prince」などの愛称で呼ばれて溺愛《できあい》された。その年の十二月一日には、はやくも近衛隊の軍人として登録された。ナポレオンの名をもつ者、とくにボナパルト家当主となるべき者が軍歴をつむことは、すっかり一族の伝統になっていた。これは、もちろん大伯父ナポレオン一世の足跡を踏襲しようとするものであり、大ナポレオンの継承者たる者、軍人としての存在感を示さなければならないというわけである。

息子への期待からであろう、成長するにつれ、父帝は公の場に彼をともなってあらわれることが多くなっていった。はやくも四歳のときにはシャロンの練兵場を一緒に訪れ、翌年にはアンヴァリッドでおこなわれたナポレオン一世のための霊廟《れいびょう》の落成式に出席した。またある日などは、シャム外交使節の拝謁儀式が、幼い皇太子に強烈な印象を残した。シャム国王の親書と献上品をたずさえた一二名の外交使節が、金の刺繍《ししゅう》がはいったとんがり帽子をかぶり、黄色い絹製の長丈の衣服に身をつつんで皇帝に平身低頭するなどのようすに、ルイ皇太子は釘づけになった。

ルイ皇太子への帝王学伝授

十一歳になると、傅育官《ふいくかん》としてフロサール将軍が抜擢された。さっそく彼は、前王ルイ＝フィリップの前例にならって皇太子をリセ・アンリ四世に通わせることを提案した。これに対してナポレオンは否定的な意見を表明した。

もし息子をリセに通わせれば、彼は侮辱にさらされることになるでしょう。

ナポレオンとしては、みずからが批判対象として攻撃してきたオルレアン王政の記憶につながる学校に、ナポレオン継承者たるルイの教育をゆだねるわけにはいかなかったことであろう。しかし、フロサールはこれに反論していう。

陛下、もし皇太子をテュイルリ宮の塀の内側で外部との接触なく育てれば、彼がその指導者になるべき世代から隔絶させることになりましょう。

この意見は、もっともである。大ナポレオン以来の皇帝位を継承すべき一粒種であったナポレオン二世（ライヒシュタット公）が、ウィーン宮廷に軟禁された状態でボナパルト派の期待に沿うことができないまま早世したのを目のあたりにし、ナポレオン三世自身も大いに失望した経験をもつ。ましてや、「人民」の意思に依拠すべきナポレオン皇帝たるもの、世間と隔絶したままではその存在の説得力をうしなう。そこで、教育方法については折衷案におちついた。リセの教師に宮廷まで出張してもらい、学校で一般の生徒たちがうけるのと同じカリキュラムの授業を皇太子が履修するというやりかたである。

このとき復習をうけもつ家庭教師としてオギュスト・フィロン（Auguste Filon）なる人物が選任された。フィロンは、こののち帝政最後の時まで皇太子の側《そば》につきしたがうことになる。ある日フィロンは、息子の学習態度についてユジェニ皇后に尋ねられた。

皇太子に問題はありませんか？

するとフィロンは、きっぱりとこう答えた。

集中力のない生徒です。しかし、理解はしていますし、記憶力も良好です。もっと身をいれれば、何も問題はなくなることでしょう。

フィロンの言にお世辞の気配はないどころか、皇太子が勉学にあまり熱心ではないことをはっきりと伝えたのである。もっとも、両親ともそれを改善させようとしたわけでもなく、とくに父親のほうは溺愛のあまり息子を甘やかしていた。少なくともフランスですごすあいだは、宮廷での満ちたりた生活のなかで、ルイ皇太子は学業に本腰をいれるべき動機をみいだしがたかったともいえよう。

肌で感じた逆風——皇太子の試練

しかし、たとえ座学による帝王学の伝授が順調に運ばなかったとしても、実社会での厳しい現実は、より切実な形でみずからのナポレオンとしての立場を自覚させることに、いささかなりとも寄与したのは確かである。

あるとき、ルイ皇太子は当時の公教育大臣デュリュイとともに、大学でおこなわれるコンクール優秀者の表彰式に列席することになった。折しも、メキシコ遠征が頓挫《とんざ》し、プロイセンがオーストリアとの戦争に勝利したばかりの時期で、帝政に対する世論が厳しくなっていたころでもある。ルイが足を踏みいれた瞬間から、ソルボンヌの大講堂には冷たく張りつめた緊張感が漂っていた。式典は何ごともなく進行していたが、「ユジェヌ・カヴェニャク、ギリシア語翻訳二等」とのアナウンスがなされたとき、ちょっとしたハプニングがおきた。なぜなら、その名前をもつ学生の父は、二〇年ほど前に皇太子の父親と大統領選挙を戦った相手であり、クーデタにより逮捕・投獄された人物だったからである。点呼に応えて起立したユジェヌを、ルイ皇太子はそのような歴史的経緯に気づくことなく笑顔でむかえようとしたが、式に出席していたユジェヌの母カヴェニャク未亡人は、息子に着席するよう合図を送った。ユジェヌは、のちのナポレオン四世の手から表彰されることなく、黙って母の指示にしたがった。そのときルイ皇太子は、いったい何がおきたのかわからず、ただ壇上にたちつくすしかなかった。茫然《ぼうぜん》とするルイが退室するころには、講堂に「カヴェニャク万歳」、「共和国万歳」の連呼がこだましていた。ルイ皇太子は、このときはじめて自分がナポレオンの名をもつことへの逆風を肌で感じ、フォンテヌブロへの帰途、暗鬱《あんうつ》な心もちに苛《さいな》まれた。

時として、このような暗い気持ちが晴れる瞬間もあった。それはたとえば、すでに述べた帝政期最後の人民投票の時がそうである。一八七〇年五月九日の午後、父帝は「ほら、ルイ、人民投票の結果だよ」とルイに新聞をみせながらいった。前日からとくに都市部での劣勢が伝えられていただけに、父が圧勝したことを確認するや、ルイは飛びあがらんばかりに喜んだ。これがつかのまの歓喜になろうことなど、もちろん彼には知る由もない。

対独戦争への従軍から亡命へ

ルイ皇太子（14歳ころ）

それから二か月がたった七〇年七月の終わりころ、独仏国境地帯にむけて父帝に同行した。フランス軍の絶対的な不利を悟りつつ戦場に赴いた父とは対照的に、軍のただなかにわが身をおいたルイ皇太子は勇ましく進軍する自国兵をみて喜びに浸っていた。

プロイセン軍の砲列が

後退し、慌ててザールの橋を渡り、少し遠くのほうに陣を構えました。……いたるところラ・マルセイエーズが奏でられ、みながそれを歌い、大変すばらしいものでした。プロイセン兵たちはそれを聞いて、心安らかではなかったにちがいありません。

有頂天になった彼には、病に苦しむ父のようすに気配りする余裕などなかった。病身の父にしてみれば、戦場を楽しむ息子が頼もしく映り、さぞや病苦を紛らわせたことであろう。

ルイは賞賛すべき態度でした……。彼は［戦場で］ブローニュの森を散歩するかのようでした。記念に保管しようと、近くに落ちていた弾丸を拾い集めていました……。おちつきはらった彼をみて泣きだす兵士もいました。（ユジェニ皇后宛書簡）

息子が被弾しなかったことに喜んだユジェニ皇后は、彼が「ナポレオン」たるべき運命を共有しているとの確信を深めた。

しかしその後、戦況の進展とともに東部の国境地帯を転々とし、ヴェルダン、シャロン＝シュル＝マルヌへ、ついで父帝が捕虜になったころにはランドゥルシ（ノール県）に、そして九月四日にモブージュにいたり、そこで父がプロイセン軍の捕虜になったことを知った。

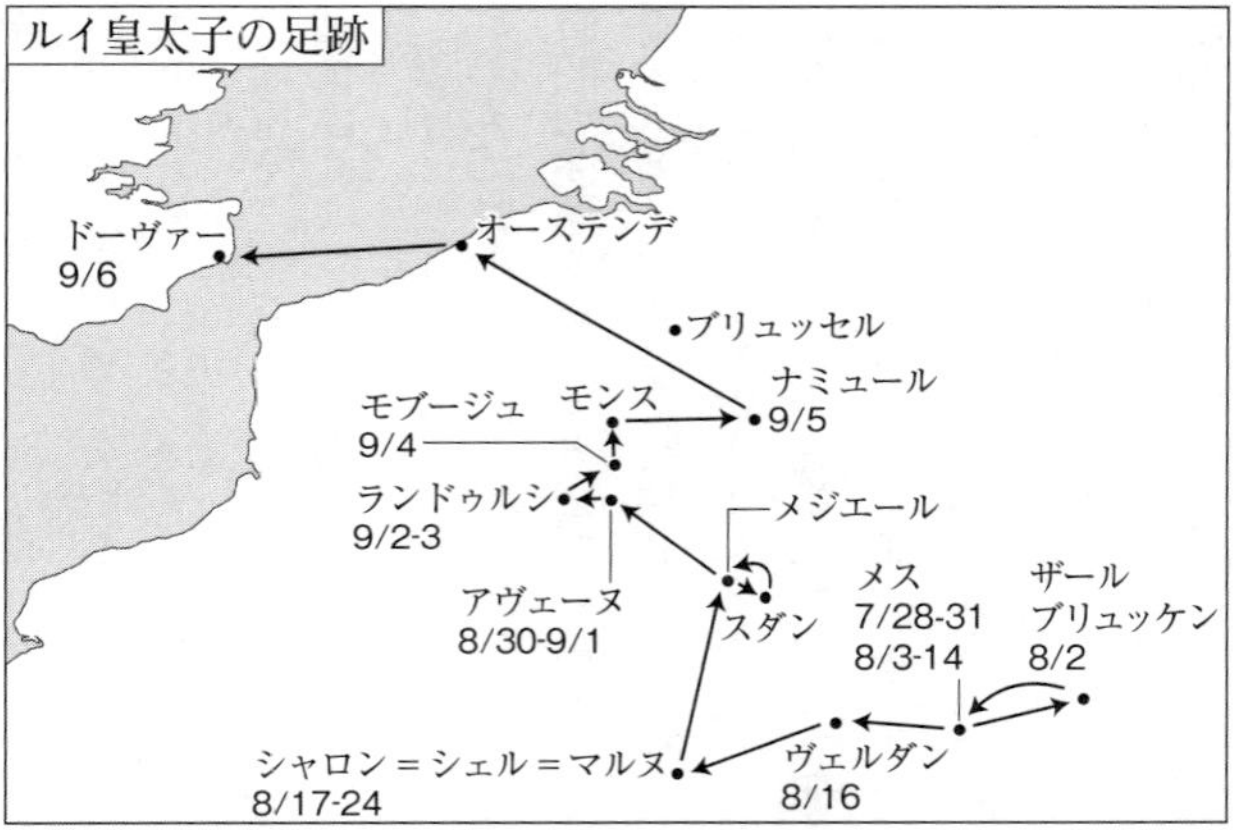

モブージュの街はその知らせに騒然とし、「裏切られた」との声や「共和国万歳」のシュプレヒコールが聞かれるようになっていたため、翌日にはベルギーのナミュールへと脱出した。

こうしてルイ皇太子は、敵の目をのがれてイギリス行きのフェリーが待つベルギーのオーステンデの港にたどり着き、なんとか無事にイギリスに上陸することができた。航路の途中では、ダンケルクやカレといったフランスの街が遠方にかすかにみえたかもしれない。彼は、遠ざかる大陸の風景をどのような思いで眺めていたのであろうか。

II　亡命生活と祖国復帰への願い

祖国フランス帰還の夢

九月六日、ルイ皇太子は三名の側近とともに対岸のドーヴァーに上陸した。降りしきる雨のなか、どこからともなく集まっていた一〇〇名ほどの出迎えに軽く会釈してから、足早にヘイスティングス行きの列車に乗りこんだ。ヘイスティングスでは、マリン・ホテルという安宿に宿泊した。奇遇なことに、この宿は、かつて父帝が三〇年ほど前にブローニュのクーデタを準備する際に滞在していたホテルだった。二日後には、パリを脱出した母ユジェニ皇后が合流した。

九月二十日、ユジェニ皇后とルイは、ロンドン郊外のチズルハーストにあるカムデン・プレイスに居を構えた。カムデン・プレイスにおちついてからも、ルイはフランスへの帰還が時間の問題であると考えていたようであり、またじつフランスのことを気にかける内容の発言も多くなされた。両親ともに短からぬ外国生活の経験をもっていたが、生まれも育ちもフランス国内であるルイにとって、フランス以外での生活が考えられなかったとしても無理はない。ある日、十五歳になったら何をしたいかを問われた彼は、「フランス軍の兵士になるためなら、すべてを、まったくすべてを捧《ささ》げることでしょう」と答えたほどである。プロイセン軍によってパリが攻囲されたときには、「トロシュがパリを救ってくれたなら、彼が犯したあらゆる不幸を赦《ゆる》してやろう」とも述べた。トロシュ将軍は、帝政崩壊のつい二週間ほど前にパリ防衛をまかされた人物であり、帝国政府をひきついだ国防仮政府の首班に就任していた。

ルイがフランスへの帰還に大きな希望をみいだすことができたのは、カムデン・プレイスでフランス帝国時代の馴染《なじ》みの顔に囲まれていたからでもあろう。帰還への思いが単なる郷愁にすぎなかったのか、あるいは復帰への強い決意だったのか、われわれには知る由もないが、答の一端は以後にみられる彼自身の言動から明らかとなろう。

チズルハーストに今なお存在するカムデン・プレイスの館

カムデン・プレイスの「宮廷」

ロンドンから電車で三十分ほどのところに、チズルハーストという小さな町がある。その鉄道駅から十五分ほども歩けば、住宅が散在する景観が広がり、メイン通りからはずれてやや奥まったところにゴルフ場がある。そのクラブハウスとして利用されているらしき建物が、かつてナポレオン三世一家が亡命後の日々をすごしたカムデン・プレイスの館である。

皇帝一家が生活拠点としたカムデン・プレイスには、実際に多くの旧帝政要人やゆかりの深い人びとが訪ねてきた。ナポレオン親王をはじめ、アグアド家の面々、ルエル夫妻、ムシ一家、ミュラ一家など、そうそうたる顔ぶれである。そのなかには、ロンドン在住のルイ＝リュシアンもいた。彼はリュシアンの息子で、相貌がナポレオン一世に似ていたともいわれ、ルイ皇太子のもっともお気にいりの叔父だった。

それだけではない。「カムデン・プレイスの宮廷」には多くのイギリス要人も訪れてきた。はやくも十一月三十日には、ヴィクトリア女王がベアトリス王女をともなって来訪した。女王一行をでむかえたユジェニ皇后は、カムデン・プレイスまで逃げのびてきた過酷な経緯を涙ながらに語った。その後も、ナポレオン三世が合流したあとのカムデン・プレイスの「宮廷」には、女王をはじめとするイギリス王族や英政府要人が次々と訪れた。

ルイ皇太子が父帝と再会できたのは翌年の三月二十日のことだった。その時ようやく、ナポレオン三世は幽閉されていたヴィルヘルムスヘーエ城からイギリスに移動することが許されたのであった。カムデン・プレイスで家族と合流したナポレオン三世は、ユジェニ皇后の隣部屋を書斎として使用し、そこで読書をしたり、ルイと話をすることに喜びをみいだした。訪問者がないときなどは、母オルタンスからの書簡を二人に読み聞かせたり、とくに大ナポレオンにかかわる記述を息子に披露し、指導者たる者がもつべき心得を説いた。暖炉の前で家族がそろった一九五頁の絵は、その書斎を描いたものであろうか、一家のひととき の団欒《だんらん》のようすが伝わってくる。壁にはナポレオン一世の絵画と胸像のほか、左奥のほうにナポレオン三世（ライヒシュタット公）を描いたとみられる絵画もかけられている。机の上には地球儀がおかれ、地図らしき紙が広げられている。カムデン・プレイスの館は、住み慣れたテュイルリ宮殿などにくらべればはるかに狭い住まいにはちがいなかったが、せわしない戦時の毎日に疲れ果てた皇帝一家にとって、さぞや安住の地に思われたことだろう。絵からは、そのような雰囲気がひしひしと感じられる。

カムデン・プレイスの皇帝一家（1872年）

ところで父帝ナポレオンは、ドイツの捕虜となってから当地にうつってくるにあたり、側近のダヴィリエのほか、侍医コルヴィザール、秘書フランセシニ・ピエトリ、馬丁ガンブルら若干の側近をひきつれてきていた。このなかで、ガンブルは二五年来ナポレオン三世に仕えてきた古参の側近である。その他、テュイルリ宮の給仕たち、皇后金庫番ペパやドゥラフォス、料理人フェラン、ソムリエのジラールなどがいた。その結果、テュイルリの宮廷が、その規模を大幅に縮小した形でカムデン・プレイスに移動してきたようなものになり、ますますカムデン・プレイスの「宮廷」としての体裁がととのったといってよい。

カムデン・プレイスにおちついたころから、いくぶん体調が回復していたこともあり、ナポレオン三世は平常心と自信とをとりもどしつつあったようである。人びとの往来の絶えないカムデン・プレイス「宮廷」のようすを目のあたりにしたとなればなおさらのことで、かつて自分がフランスの政治権力を掌握した約二〇年前と同様の確信をとりもどしつつあったことであろう。

ルイ皇太子は、幼いころにみていた頼もしい皇帝の姿をそこに感じとっていたはずである。彼がフランス帰還を信じて疑わなかったとしても不思議ではない。しかし、この野望をうち砕いたのは、執拗《しつよう》なまでの用意周到さでそれを阻止しようとするフランス本国側の動きであった。そのあたりの経緯を理解するためには、帝政崩壊後の国内政情について知っておく必要がある。

第三共和政の樹立と共和国のスパイ

行政長官ティエールにとって、ナポレオン帝政の復活を阻止するかたわら、王政復古の動きもまた対峙しなければならない懸案であった。社会各層の多岐にわたる願望を糾合し、安定した政治体制として機能しうる共和政の利点に気づいていたティエールは、王政復古にとくに熱心というわけではなかった。しかしなんといっても、打倒したばかりの帝政が復活するような事態は何としてでも避けねばならなかった。

ティエールは、万が一のことを考え、パリと海岸線の防備を固め、イギリスからわたってくるかもしれない脅威にそなえた。警察による監視強化は、国内にとどまらず先帝の亡命先にもおよんだ。他国の領土内にまでおよぶスパイ行為には、「皇帝の行動と移動とを監視する任務のもと、『皇帝の』往来の目的を知るため、何も見逃してはならない」旨の厳命がくだされていた。そのため、スパイ活動の対象は、皇帝一家の日々の行動のみならず、ナポレオン個人の健康状態にまでおよんだ。

このような本国政府の動きは、当の皇帝一家にも気づくところとなっていた。あるとき、ナポレオンは、ルイを帯同してイギリス南西部トーキーの街まで遠出したことがある。当地のある店で食事をとったときに、テュイルリ宮において料理の腕を磨いたというシェフとの思いがけない出会いがあり、彼らを大いに喜ばせた。しかし、その喜びもつかのま、複数の不審な人物を目撃し、彼らの猜疑心《さいぎしん》をかきたてることになった。フランス人とみられるその者たちは、フロックコートを着用したいでたちで目だっており、拙《つたな》い英語で尋ねたり、尾行するような素振りをみせていたのである。本国ではナポレオン三世がフランス帰国を画策していると噂がたっており、「皇帝がトーキーでフランス上陸を準備している！」と報ずる新聞さえあった。ナポレオンは息子ルイがフランスの共和主義者によって暗殺されるのではないかという不安さえ覚え、彼が一人で外出することを禁じ、外出の際には護衛をつけるようにした。

ここに、時を超え、海を越えて、ナポレオンとティエールの対峙が再現されたのである。かつてティエールが「馬鹿者」とみくびっていた相手は、いまや細心の注意をもって動向を監視しなければならない人物であった。

III 大伯父の幻を追い求めて——軍人デビュー

父帝から学んだ帝王学

カムデン・プレイスでの生活がはじまったころ、ナポレオン三世は今後のフランスの政情について、みずからの帰国の可能性も含めてやや楽観的な見通しをもっていたようである。あるときそのことについて問われたナポレオンは、次のように答えている。

秩序が回復されなければ、われわれはパリに帰還することはできないことでしょう。それまで、ロンドンに居つづけなければなりません。ロンドンにおいては、フランスの捕虜たちに対する助力をうけつづけることができます。

つまり、フランス国内の平穏がもどりさえすれば、自分たちの帰国が日程にのぼるとの見通しである。その言葉の端々には、現行政府に対する不満も覗《のぞ》く。

もっとも不幸なのはブルバキ指揮下の軍の捕虜たちです。彼らは、スイスに逃れることを余儀なくされ、そこで拘束されています。何らの保護をうけることができず冬をすごし、飢え死にしています……。

ルイ皇太子に対する帝王学の伝授もまた、こうした現状認識のもとになされた。それは、皇帝としてのありかたについての訓辞である。

非常に高いところから落ちたとき、すぐに頂上に登ろうとするのではなく、落ちた原因を理解しなければならない。国民は、私にプロイセンと戦争をさせたが、戦争をしたのは私であり、私がしくじったのだ。

ルイ皇太子に伝えられたのは、みずからが青年時代に構築し、「ナポレオン的理念」などの著作物で表明した信念であったといってよい。またそれは、約二〇年間、為政者として実際の政治世界で研磨された内容でもある。

自由は、議会とは関係がない。議会が表現するのは誤った世論像でしかない。一七八九年の議会は、国中の願望に反して王政を打倒した。世論は、いきすぎた国民公会に敵対していた。一八四八年に議会がカヴェニャクを支持していたとき、人民は私を支持した。人民投票だけが、人民の真の意思を表現するのだ。

いまや老練の域に達したフランスの元君主の口から語られるその内容は、説得力をもって後継者たるルイ皇太子に託されたのである。

同じころ、フランスからもたらされる情報には、パリ・コミュンの混乱のなか、ヴァンドーム広場のナポレオン像がひき倒され、テュイルリ宮が焼失したという、ナポレオンの後継者には辛いできごとが含まれていた。かつてナポレオンを熱狂的に支持した「人民」は、果たして「ナポレオン四世」としての自分を同じように支持してくれるのか。そのような思いは、ルイ皇太子のなかに自然と芽生えたにちがいない。そして、ナポレオンの名を体現する後継者としての真価が試されるのが、自分が真にその立場にたった時であるということも自覚するようになったことだろう。以上のことは、学校に通いはじめ、父帝の死に直面するころから、彼の言動により明確に看取されることとなる。

ウリッジ王立陸軍士官学校への入学

亡命後の二年間ほど、ルイ皇太子はもっぱら父帝から薫陶をうけていたが、他方においてイギリスの学校に通うという選択肢も浮上していた。父帝は旧知の仲にあったマンビー大佐の助言もあり、ルイをウリッジにある陸軍士官学校に入学させることにしたのである。マンビー大佐は、以前、父子が同地に軍事教練を見学に訪れた際、ルイがそこで展開される砲撃のようすに強く興味をひかれていたように感じた。マンビーは、大ナポレオンの軍人キャリアが砲兵から開始されたことをもひきあいにだしつつ、ナポレオン三世を説得したようである。

ルイ皇太子（ナポレオン四世）

かくして、一八七二年十一月、ルイ皇太子は陸軍士官学校を受験し、みごと合格した。もっとも、そのときの成績は悪いほうだったが、それはまだうまく英語をつかいこなせなかったからのようで、語学力が改善するとともに、彼の成績もまたよくなっていく。とはいえ、まだ少しのあいだルイは試験の成績がふるわず悪戦苦闘することになる。
ウリッジの陸軍学校は、カムデン・プレイスから十数キロメートルのところにあり、ロンドンに行くよりも近く好都合だった。くわえて、軍服を着用することは、ルイをことのほか高揚させた。それが異国の地であったとはいえ、またそれがイギリスの軍服であったとはいえ、彼は軍人としてのキャリアを開始したのだから。

父帝の他界――異国の地に眠るフランス皇帝

既述のとおり、当初ナポレオン三世のフランス復帰計画は順調にすすめられていたかに思われた。しかしその直後、すなわち一八七二年十二月十一日にみずから馬でウリッジのルイを訪ねようと試みたところ、一キロメートルも走らないうちに、結石に起因する痛みに耐えきれず、途中で断念せざるをえなかった。父帝は医師団の診察をうけてから、息子を安心させようと手紙をしたためた。

［医師団によれば］一か月後には回復するとのことです。きみが家をでていったことは

私には心痛ですが、きみが息災であるかぎり、きみの前途に広がるキャリアに思いをはせ慰められています。

しかし、クリスマスに帰省したルイは、父帝の血色の悪い顔色をみて不安に駆られた。侍医団のひとりヘンリ・トンプソン卿は、病が重大な局面にあると判断して、ナポレオン三世に手術を強く薦めた。かくして、カムデン・プレイスの館で緊急手術がおこなわれることになった。

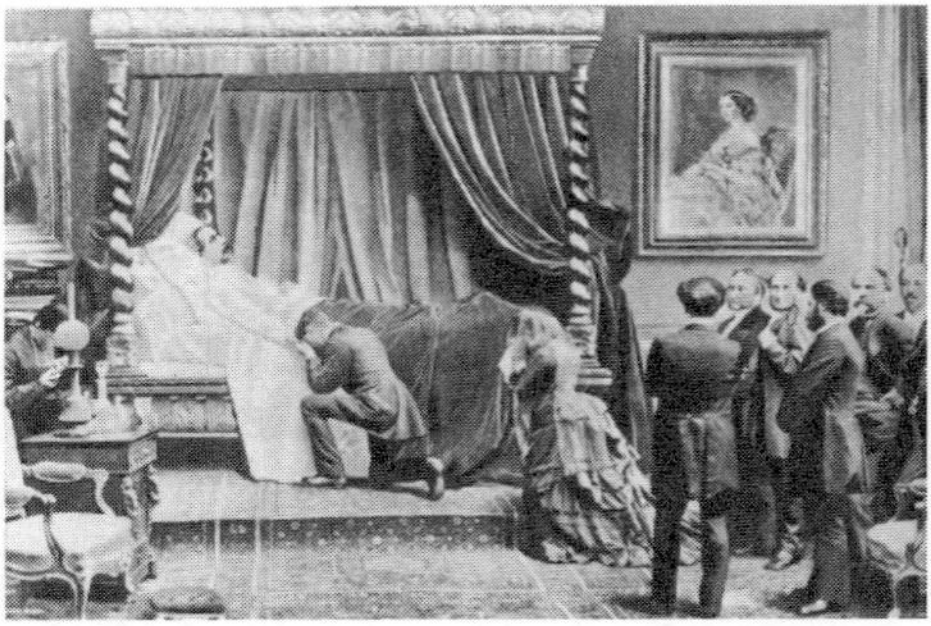

ナポレオン三世の死

翌年一月二日、トンプソン医師によって第一回目の開腹手術が実施され、数個の結石片が摘出された。それは、ナポレオンが激痛に耐えていたと考えるに十分な大きさであった。とても戦場に臨めるような状態ではなかったことが推し測られて、執刀したトンプソン医師はいたく驚いた。四日後にも追加の手術がほどこされ、若干の石がとりだされた。最後の手術は容態の推移をみて実施日を設定する予定がくまれ、九日の昼におこなわれることになった。

ところが、ナポレオンの脈拍は弱くなり、意識の混濁がつづいた。これは、苦痛を緩和させるために、催眠剤を投与しすぎたためであったとも考えられている。ウリッジにもどっていたルイ皇太子に知らせるために、すぐさま人が派遣され、他方で病室にはユジェニ皇后が呼びよせられた。彼女が部屋にはいったときにはすでに、呼びかけに対するナポレオンの応答はなかった。病人を見守っていた旧友にむかって、「コノ、きみはスダンにいたのかい?」とつぶやいたのが最後の言葉だった(「ルイ……、スダン……」とする説もある)。三代目のナポレオンは、初代ナポレオンが果たしたような「サン・ジュール」に比されるべきフランス帰還という大願を成就することなく、しかし二人の先代ナポレオンたちと同じく異国の地において、十日に六四年の波乱に満ちた生涯を閉じた。後日の解剖により、膀胱には三センチ大(重さ約二〇グラム)の結石がまだ残っていたことが判明した(コンピエーニュ博物館に展示されている)。

父帝が臨終の床にあるころ、ルイ皇太子はウリッジの学校で授業をうけている最中であったが、危篤の知らせをうけるや、すぐさまカムデン・プレイスに急いだ。彼は、父の眠る部屋に駆けこむなり、ベッドに横たわる父の前で号泣した。そして、しばらくの沈黙ののち「ここにはいたくない」といったきり自室に閉じこもってしまった。翌日ようやくおちつきをとりもどしたルイは、亡き父の思い出を初めて口にすることができた。

私の父は寡黙であったと人はいう。でも、父は私に多くのことを語ってくれたし、それは私のなかにこれからも刻みこまれていることだろう。父は、とてもよい、よすぎる人だった。父が他人を悪くいうことは一度もなかった。

村では住民全体が喪に服し、あたかも国葬ともみまがうような盛大な葬儀が営まれた。これには、亡命フランス人はもとより、フランスからの弔問団や帝政時代の高官、多数のイギリス要人など、約二万人が参列したという。人びとは、遺体が安置される部屋にいれかわりたちかわり入室し、めいめい祈りを捧げた。亡き皇帝を目に焼きつけるために一分間の時間を所望したのは、愛妾マルグリット・ベランジェだった。対独戦でライン軍参謀長をつとめ、メス攻防戦でも武勇を披露し、皇帝とともに捕虜になったルブフ元帥などは、亡骸の前にひざまずき、感極まって「ああ、お許しください陛下！」と叫んで、冷たくなった皇帝の手に口づけをした。参列者のなかには、「皇帝へ、さようなら！……祖国からの捧げもの」と書かれたプラカードを手にするフランス人の姿もあった。イギリス王室からも皇太子が葬儀に参列しようとしたが、フランスとの外交関係を憂慮した英政府によって阻止され、そのかわり埋葬を控えた棺を前に弔辞を述べるためにカムデン・プレイスを訪れた。ヨーロッパ各地からは多くの弔辞が届き、イタリア政府などは彼をイタリア統一に貢献した「一八五九年の解放者」と称えた。

一月十四日の午後九時、妻と子の肖像画がおさめられて棺が閉じられた。その翌日、カムデン・プレイスからほど近い聖メアリ教会に棺が運ばれた。棺を乗せた馬車が通過する沿道にも皇帝の死を悼む多くの人びとが集まった。宗教的儀式を終えて教会を後にした妻子には、フランスから駆けつけた人びとから「皇帝万歳！　ナポレオン四世万歳！」とのかけ声がかけられた。ナポレオンの歴史において、たすきが四代目の少年へと手わたされた瞬間である。父帝が志半ばで断念せざるをえなかったフランス帰還計画は、この四代目ナポレオンに託されたのである。

では、その帰還計画は「ナポレオン四世」の代において、どのように展開していくのだろうか。

Ⅳ　「ナポレオン四世」死去の衝撃

ボナパルト派首領としての自覚

学校生活に復帰したルイ皇太子は、よりいっそう学業に励むようになり、数学で一五番、築城術で九番、製図で八番をとるなどした。夜は家庭教師のフィロンとともに、フランスの各種新聞を読みあさり、さまざまな問題について大いに議論した。こうしたなかで、ルイのなかに少しずつボナパルト家当主としての自覚が深まっていったのであろう、それまでの「ルイ・ナポレオン皇太子」との署名を「ナポレオン」にかえた。

一八七三年八月十五日は、十七歳の新当主ルイが初めて党派の首領としてのつとめを果たした日である。この日は大ナポレオンの誕生日であり、第二帝政下においてナポレオン祭として祝われていた。当日は、一六〇〇名ものボナパルト派の面々がフランスからカムデン・プレイスに来訪したといわれ、その中心に「ナポレオン四世」たるべきルイがいたわけである。この集会の開始から数時間が経過したころ、ルエルがルイに耳うちした。

殿下、お言葉の時間です。……もしお望みなら、話すべきことをそっとお伝えできますよ。

すると、ルイは事前に用意していた一〇〇語ほどの演説原稿をルエルに示した。

亡命の身にあり、わが父の墓標の近くにあって、私は父が残してくれた教訓について思いをめぐらせています。父の遺産に、私は国民主権の原理とそれをあらわす旗印をみいだしています……。

これをみたルエルは、最後の一句にかわり「すべては人民によって、人民のために」というスローガンを提案した。党派名としても採用される「人民への呼びかけ」という理念は、帝政期に実践された人民投票の伝統を継承するものであり、政治次元でボナパルト派と他の王党派との差異化を図るために不可欠のイデオロギーでもあった。ルイは、ルエルの提案の内容を走り書きして演説に臨んだ。

「ナポレオン四世」の登場とともに、ボナパルト派の政治活動もまた活発化した。はやくも一八七三年二月には、ルイの肖像画が数万部も印刷されフランス国内で頒布された。五月には、カムデン・プレイスで開催されたユジェニ皇后主宰の政治集会にルイが初めて出席した。この集会ではボナパルト派の政治目標が話しあわれ、国内ボナパルト派議員の活動方針のほか、ティエール政権を打倒すること、またそのために王党派と共同戦線をくむことなどについて議論された。父帝のフランス復帰を阻止したティエールは、ルイにとっても仇敵《きゅうてき》だった。

七四年三月十六日にはルイが成人年齢（十八歳）をむかえ、名実ともにナポレオン四世としての存在感を増すことになった。成人を祝う会は、フランスから七〇〇〇〜八〇〇〇もの来訪者をむかえいれた。また聖メアリ教会でのミサでは、「皇帝万歳！」のかけ声があがっていた。そこに、ナポレオン親王とその息子たちの姿はなかった。彼らが招待を辞退したからである。ジェロム系の不在によりボナパルト家の一枚岩の結束を誇示できなかったことは、たしかに「ナポレオン四世」の新しい門出にとってふさわしいとはいえなかったが、会がそれを挽回してあまりある活気を呈したことも事実である。会場となったカムデン・プレイスには、帝政下の旧大臣や五六名の旧県知事、四五名の旧議員などが参集し、あたかもカムデン・プレイスの「宮廷」に帝国の亡命政府が樹立されたかのような様相を呈したのである。ナポレオン四世として演壇にたったルイは、亡き父帝の記憶を想起しつつ、力強くこう訴えた。

今日ここにお集まりのみなさまは、皇帝の記憶に忠実な感情にしたがったかたがたです。まずは、そのことをみなさんにお礼申しあげます。……皇帝の治世は、すべての者の幸福をつねに願う以外の何ものでもありませんでした。……人民投票、それは救済であり、権利です。……もしナポレオンの名が人民による八回目の選挙で投じられるならば、私には国民の投票が課すであろう責任をひきうける用意があります。

ここでもルエルの教示にしたがって、もはやボナパルト派に必要不可欠となった政治的スローガンである人民投票への言及を忘れなかった。しっかりとした口調で威厳をもって演説するボナパルト家新当主の姿に、集まった支持者たちは感動をおさえられなかった。「皇帝万歳！」のかけ声のなか、演壇からおりるルイは、このときボナパルト派の首領としての存在感を確実に示したのである。

来場者と挨拶《あいさつ》をかわす新当主に、遠くから声をかけるある紳士があった。彼は、この日のためにボルドーからはるばる駆けつけたという。

殿下、私は生涯ずっと正統王朝派でした。しかし、シャンボール伯は統治することができないか、またはしたがらないので、私の信念と敬意をあなたに捧げます。

ナポレオン四世は、これに対し「おひきうけします。それこそ本当の融合ですね」と巧妙に返答した。その当時、まさに正統王朝派とオルレアン派の両王党派の融合問題が正念場をむかえていた時でもある。しかし、両派が同じブルボン王家の血統を誇るのに対し、ボナパルト家は異なる。帝政復興にむけて、ナポレオン四世を中心に両王党派とは別の独自路線をすすまねばならない。ただ、目的のために両王党派と同盟をくみ、共和派を中心とする左派勢力に対抗するという戦術はまだ残されていた。

フランス国内に目を転じると、左派系各紙のナポレオン四世への論評は、概して厳しいものだったようにみうけられる。まだ四世になりきれていないという意味をこめて「ナポレオン三・五世」と呼んだり、あるいはルイの自転車好きを揶揄《やゆ》して「自転車四世」と皮肉をこめる記者もあった。あげくに「乾燥した果実 Fruit sec」などという軽蔑的なあだ名をつけられさえした。果実の水分が蒸発してしまい、もうこれ以上の成長が見込めない、という喩《たと》えにより政治家としての力を全否定されたわけである。もっともルイ自身も、まだ自分が未熟だと考え、こうした揶揄を払拭《ふっしょく》すべく、将来の君主にふさわしい人物になるために、さらなる勉学に励み、自分を磨きたいと願っていた。そうしたのち、初めて真に「ナポレオン四世」と呼ばれるに足る存在となることができると信じていた。

新当主のより積極的な政治行動に期待をよせていたボナパルト派の面々は、時間をかけて自分を磨くことを優先するルイに対しては多かれ少なかれもどかしさを感じないではなかった。ある日、「人民への呼びかけ」派議員アミーグがルイにそのような気持ちを代弁して伝えると、「皇帝の息子であるがゆえに、フランスに帰国することができるのは統治するためにのみ」である旨を明言した。別の日には、訪ねてきた作家マクシム・デュ・カンと対話することもあった。マクシム・デュ・カンは、フロベールの友人であり、帝政末期には元老院議員にも推挙されるはずだったが、帝政崩壊によりその機会を逸した人物で、辛辣なパリ・コミュン批判で知られる。その彼とは、フランス国内の政情について意見交換をすることもあった。

フランスは政治に興味をもっていません。大多数の大衆は、なんらの党派にも属しておらず、既成事実に味方しているのです。

こういって嘆きつつ、ルイ皇太子は選挙民が既成事実となった共和政を支持する現状について自身の分析を披露した。また、ボナパルト派との関係について問われると、ルイは若い当主の苦悩を吐露した。

私は、服従してもらうにいたってないのです。[ボナパルト派の]『秩序 L'Ordre』紙と『通信 La Correspondance』紙には、何度も過激すぎる言葉をやめるようお願いしたのです。

では、ルイが嘆くフランス国内の政情とはどのようなものだったのだろうか。

フランス国内の政情――ティエール失脚からオルドル・モラル（道徳秩序）へ

正統王朝派とオルレアン派からなる王党両派が多数を占める議会は、両王家の追放令を廃止し（七一年六月八日法）、いよいよ王政復古へと邁進《まいしん》した。そのため、王党派の共同戦線が模索され、一時はオルレアン家当主のパリ伯がブルボン家当主のシャンボール伯に忠誠を誓うことを宣言し、ブルボン王朝の復活がめざされた。ひとまずはパリ伯が王政復古の暁にはシャンボール伯の即位を容認し、子のないシャンボール伯の死後にはオルレアン家から王をだすことで合意がなったため、両王党派の合流は順調に運ぶかにみえた。しかし、亡命先から帰国したシャンボール伯は、はやくも七一年七月五日には、三色旗の採用を拒絶し、ブルボン王家伝統の白旗にこだわる旨の声明を発した。それは、フランス革命以来の既成事実を拒絶し、神権に依拠する王政を志向するという、きわめて過去復帰的な思想に彩られていた。これに対して、ファルーを中心に集まった大多数の王党派議員たちは、いまや社会秩序の安寧を象徴するにいたった三色旗に固執しており、王朝合流の企てにはにわかに暗雲が垂れこめていた。

こうしたなか、行政長官ティエール（七一年八月から共和国大統領）が王政復古にあまり熱心ではないことが明らかになると、一八七三年五月、国民議会は彼を解任し、マジャンタ公マク・マオン元帥（一八〇八〜九三）を大統領に選出した。このときティエール解任の投票結果は賛成票三六〇、反対三四四であったが、約二〇名のボナパルト派が賛成に回ったため、帝政復興支持派がキャスティングヴォートをにぎったことになる。ナポレオン三世の他界からわずか四か月後のできごとであった。

マク・マオンは、もともとアイルランド出身の貴族家系に属し、復古王政期から七月王政期にかけて軍歴をかさね、クリミア戦争での戦功により元老院議員に抜擢された軍人政治家である。その後、五九年の対墺戦争ではマジャンタでの勝利に貢献して元帥に昇進するなど、帝政期に頭角をあらわし、パリ・コミュン弾圧に軍事面で大いに貢献したことでも保守層に人気があった。それゆえ、ティエール失脚後に、王党派とボナパルト派の願望を実現することが可能な人物として浮上したのがマク・マオン元帥だった。

元帥は、「道徳的秩序 ordre moral」を擁護するという立場を明確にして、保守的政治理念にもとづいてカトリック教会との同盟関係を尊重する態度をみせた。この政策は、右派の諸党派を広く包含しうる性格をもっており、右派の大同団結に道が開かれていた。しかも、ボナパルト派にとっては、ナポレオン三世のもとで出世を遂げたマク・マオン元帥が、自分たちの願望に沿って行動してくれる人物であるとも期待されていた。

正統王朝派の動きは早かった。七三年十一月には、シャンボール伯が極秘裏にヴェルサイユにはいり、マク・マオン大統領をとりこもうと面会を申しいれたのである。マク・マオン家は正統王朝派の伝統をもつが、元帥はこの申し出をきっぱりと拒絶した。その理由としては、彼自身に政治経験が乏しかったということもあろう。しかしそれ以上に、議会の委任にもとづき大統領職についた彼にとってみれば、合法性から逸脱するような冒険を回避したかったのである。ほぼ同時期、その件とはまったく別に、議会では大統領任期を七年間とする法案が可決され、議会がマク・マオン元帥の大統領権力に信任をあたえる形ができあがっていた。さらに同じ年の十月には、シャンボール伯がオルレアン派の主張する三色旗・フランス革命・議会政治をあらためて拒絶する姿勢を示し、ブルボン家による王政復古の可能性が完全に絶たれた。ここへきて、王党派におけるシャンボール伯の求心力は低下し、ごく小勢力の正統王朝派が伯にしたがうのみとなった。

他方、「人民への呼びかけ」派リーダーであるルエルは、できればすべての新聞に新当主ナポレオン四世のメッセージを掲載しようと考えた。しかし、シャンボール伯がアンリ五世を名のって寄稿したマニフェストを掲載した新聞が発禁処分をうけたことを重くみて、彼はこの二の舞を避けようと考え、慎重を期し新聞掲載を断念した。

この慎重さが功を奏したのか、七四年になると、「ナポレオン四世」の登場も大いに有利に影響して、「第三帝政」がいよいよ現実味をもって感じられるようになった。フランス国内の議会選挙において、少しずつボナパルト派の勢力が伸張していったのである。そうした傾向を象徴するのが、その年の五月にニエーヴル県で実施された補選で、ナポレオン三世の旧側近ブルグワン男爵が共和派と正統王朝派の候補者を破って当選したことである。

ところで、七五年一月から七月にかけて、共和国の公権力組織が整備されていき（いわゆる一八七五年憲法）、二院制議会と七年任期の大統領制にもとづく第三共和政が正式に発足した。少なくともその成立当初は、各党派の妥協点にかろうじて均衡を保つ観が強いが、それが妥協の産物であるがゆえに、かえってその後六五年も存続する長命の体制になったともいえる。このこと以上に、ボナパルト派にとって重要な帰結は、大統領直接選挙制が導入されなかったことである。大統領は議会によって選出されることになり、ボナパルト派の主張した「人民への呼びかけ」を具現化する直接選挙制が慎重に回避されたのである。これは、ボナパルト派にとって、議会少数派であるがゆえの政治的敗北を意味する。したがって、当面の課題は、いかにして議会多数派をにぎるかということであった。その意味で、次の下院総選挙は、ボナパルト派の希望をかきたてることになった。

こうして七六年の下院選挙では、帝政期の経済繁栄を懐かしむ農民層のもとで、共和政を嫌ってルイ皇太子の肖像画やパンフレットが出回っていた。たとえばピレネ＝ゾリアンタル県では、誇らしげにセント・ヘレナ勲章を身につけた人びとや村の聖職者にひきつれられた農民たちの行進する姿がみられた。ボナパルト派は、着々と議席を伸ばし、一八七六年までには上院で保守派の議席の三分の一にあたる四〇議席、下院七五議席（右派の半数）を獲得するにいたり、選挙をつうじて政権を奪取する希望がみえはじめた。しかし、ボナパルト派以上に躍進したのは共和派であり、上院で九〇議席、下院で三六〇議席を獲得した。

旧帝国元帥マク・マオン大統領への期待

このような状況にいたり、下院選挙で七割の議席を獲得した共和派に対して、マク・マオン大統領は大きな政治的勝負にでた。翌年六月、彼は大統領の下院解散権を行使したのである。この決断に、ボナパルト派が狂喜したことはいうまでもない。ボナパルト派であった当時の内相は、選挙を有利にすすめるためすぐさま行動にうつり、六三名におよぶ県知事を更迭して旧帝政下の官僚経験者を後任に任命した。

このころルイ皇太子は、ボナパルト派の首領として、積極的に選挙運動に関与するようになった。みずからフランス国内で運動を指揮できたわけではないが、イギリスにやって来るボナパルト派の面々との会談を積極的にもち、彼らの話を注意深く聞いた。こうした経緯から、「人民への呼びかけ」派候補者の多くは、選挙民を前にナポレオンがもどってくる日が近い旨を喧伝《けんでん》することにもなった。
しかしながら、すべてが順調に推移していたわけでもなく、七六年にナポレオン親王がコルシカ島においてルエルの対抗馬として当選したことなどは、ボナパルト派にとって不安の種ともなっていた。ルイは、先にみたマクシム・デュ・カンとの会話において、ナポレオン親王にも苦言を呈していた。

私の叔父は、狂気の人なのです。狂人よりも醜く危険なものはありません。

共和派は、選挙のたびに議席を大きく伸ばしてはいたが、着実に当選者を増やしていくボナパルト派に脅威を感じていた。それゆえ、共和派による選挙運動では、商工業の保護、秩序と平和の維持といったボナパルト派にもつうじるスローガンが強調された。さらには、ルイ皇太子がローマ教皇を訪問したという事実が巧みに利用され、次代のナポレオンがイタリアと戦争をして教皇権力を復活させる意図をもっている、などとするネガティヴ・キャンペーンさえおこなわれた。
このような状況を前にして、ルイ皇太子は嘆息するしかなかった。

フランスは、アメリカ合衆国と同じように、信頼をうしなった政治屋によって支配される国になろうとしている。

しかし、ルイは共和政という既成事実の強みを心底から確信してもいた。じじつ、人民投票が実施されるとすれば共和政が支持されるかとのマクシム・デュ・カンの問いに、次のように答えている。

現在、共和政はフランス人にとって安定を意味しています。共和政を失敗させようと望むことは、力関係を知らないということです。そう、第三帝政のための機は熟していないのです。

彼自身の口から「第三帝政」という表現が飛びだしたことは、ボナパルト派の政治綱領としてきわだった重みをもつ。それは、彼がけっして「ナポレオン四世」としてフランスを統治する夢を捨ててはいないことが明白になったからである。それと同時に、この発言からは、ルイがナポレオン後継者として研鑽《けんさん》をつみ、政情を冷静かつ客観的に分析できるようになっていたということも伝わる。さらにいえば、皮肉なことではあるが、そこには一種の無力感さえ漂っていたようにも思われる。

オポルテュニスムの勝利と共和政の確立

果たしてルイ皇太子の予期したとおり、選挙は約三二〇議席を獲得した共和派の大勝に終わり、保守派二〇八議席のうちボナパルト派は一〇四議席にとどまった。ついで七九年には、上院で共和派がとうとう多数派を占めるようになった。しかも、大統領選出のための投票では、ボナパルト派のなかから一定の離反者がでたため、マク・マオンは辞任せざるをえなくなり、共和派のグレヴィが新大統領に就任することになった。この時のボナパルト派からの離反者は三〇名ほどであったとみられる。憲政の面からいえば、この経緯が意味するのは、これ以降、議会が大統領に優越するという慣行ができあがったということである。しかし、ボナパルト派勢力の帰趨《きすう》という面では、議席を大幅に伸ばした反面、党派としての結束に一定の亀裂があらわになったということが大きい。

マク・マオン退陣ののち、ボナパルト派を含む保守派がいまだ無視できない勢力を保つなか、共和政は保守的傾向をも広く包含する政権運営によって特徴づけられることとなる。これを代表するのがオポルテュニスム（日和見主義）であり、レオン・ガンベッタやジュール・フェリーなど第二帝政期にも共和派として活発に活動した人びとによって代表される。

このオポルテュニスムは、穏健な共和派を中心としつつも、けっして一枚岩とはいいがたい多様な傾向を内包する政治勢力であり、そのつどの課題を着実に解決していこうとする漸進的改革を志向した。したがって、場合によっては保守派との妥協も辞さない傾向をもつ。

八〇年代前半には、このオポルテュニスムの共和政府によって、七月十四日が国民の祝日に、ラ・マルセイエーズが国歌に採用されるなどして、フランス革命の伝統をひきつぐ姿勢が鮮明におしだされるとともに、カトリック教会の影響力抑制をねらった政策（とりわけフェリー法と総称される初等・中等公教育改革）をはじめ、共和主義理念を体現する施策が次々とくりだされた。

オポルテュニスム体制の確立へと展開していくフランス本国の内政は、同時にボナパルト派の願望が遠のくことを意味することにもなった。しかも、議会内勢力が大きくなるにつれ、党派としての一体性が希薄化する様相を呈しはじめていた。それでも、ルイ皇太子は「第三帝政」の機が熟していないだけであると判断し、いずれは自分がフランスに求められる日が来るものとする楽観がないわけではなかった。今はただ、自己研鑽に専心することが先決である。そのような考えがふたたび強くなったのであろう、ルイはイギリス軍の一員として、何人《なんぴと》たりとも否定しようのない立派なキャリアをつみあげていくことに希望をみいだした。

「ナポレオン四世」の軍人デビュー

ふたたびウリッジの学校生活に傾注するようになっていたルイは、学業面でめざましい進歩を遂げた。乗馬と剣術では一番の成績をとり、入学時に二二番目だった総合成績は、卒業時には三四名中七番目であった（フランス語試験の成績をくわえれば四番目）。卒業後は、砲兵隊員としてオルダーショットに赴任し、砲兵少尉として勤務するようになる。しかし、彼にとって充実した軍隊生活であったとはいいがたかったらしく、ルイは長すぎる休暇があたえられることに嫌気がさすようになっていった。

休暇にはチズルハーストに帰省し、書斎にフランス地図を貼り、その前でナポレオン一世の書簡集を熟読するなどしたものの、もっと軍人として働くことのできる勤務地を望むようになっていった。くわえて、成人をむかえても母ユジェニ皇后はルイを子どもあつかいしていたため、この状況を一新したいとの思いも強かった。あるときなど、オーストリア＝ハンガリー帝国がボスニア＝ヘルツェゴヴィナを併合したのを聞きつけ、かならず軍人の需要があるはずだとみて、オーストリア軍に入隊しようと考えたこともある。もちろん、母親は言下に反対した。

あなた、オーストリアの軍服を着て何をしようというの？　ソルフェリーノの戦勝者の息子なのによ？　それで、ライヒシュタット公になりたいの？

ルイは喰いさがったものの、結局のところオーストリア軍への志願は断念に追いこまれた。しかし、今度ばかりは諦《あきら》めようとせず、配置転換の希望を上司にだしつづけたり、つてを頼ってはロンドンに赴いたりと必死に活動した。こうしたルイの様子をヴィクトリア女王も耳にし、何とかしてやりたいと感じてはいたものの、フランス政府との外交関係を悪化させないように腐心するイギリス政府は、ナポレオンの後継者を自軍のめだつところで活動させるわけにはいかなかった。そのような事情から、ルイはそれまで無難な任地にとどめおかれていたわけである。

そのようなときルイは、新たな任地を探し求めるなかで、イギリスが南アフリカにおいてズールー族との抗争を激化させ、しかもかならずしも順調にいっていないとの情報を耳にした。ズールーランド併合のみならず、イギリス進出地域の中心都市ダーバンが危機に陥り、ナタール、トランスヴァールの保全に力をいれねばならない事態に陥っているというのである。ルイは、すかさず南アフリカ行きを願いでた。もちろん今回もまた母ユジェニは猛烈に反対したが、ルイは頑として聞きいれようとはしなかった。ケンブリッジ公宛の書簡（一八七九年二月二十一日付）では、彼の決意がどれほど固かったかを知ることができる。

ウリッジにおいても、オルダーショットにおいても、イギリス軍の制服を着るという名誉に浴しましたとき、私が望んでいたのは、わが同盟軍の列にくわわり最初の戦いに身を投ずることです。この希望がうしなわれれば、私の亡命から慰めのひとつがうしなわれます。

そこには、ナポレオン一家を温かくむかえいれてくれた、ヴィクトリア女王への深い感謝の念も記されていた。感銘をうけた女王はディズレイリ首相にルイ皇太子の希望が実現できないかと下問したが、フランス政府を刺激することを恐れた首相は断固として反対した。

その一方で、イギリス軍の一員としての側面を薄めることで、ルイのアフリカ行きを後押しする動きもあった。つまり、行き先のみではあるが、とにかく彼の希望の一部でも実現させようという意向が彼の周りにはあったのである。ディズレイリ首相は不満であったが、イギリス将官としての身分をとらず、アフリカでは前線に配置せずに参謀部勤務にするなどして、イギリス兵士としての体裁をできるだけ排除することになった。こうして、一八七九年二月二十八日、晴れてルイは南アフリカ行きのダニューブ号に乗船することになった。

カムデン・プレイスでの最後の夜、書斎にこもったルイは万が一のことを想定して彼自身の遺言書をしたためた。そこには、自分がカトリック信者として死ぬこと、自分の遺骸は「わが家系の創立者が眠る地」へ移葬される日まで、父ナポレオン三世のかたわらに埋葬すべきことなどが記述された。そして最後の一節は、ボナパルト家の存立に深くかかわるのみならず、やがて実際にフランス国内のボナパルト派にとっても、無視しがたいさらなる亀裂の要因になる。その内容とは、「私の死によってわが家系の義務は消えない」のであり、義務を果たす使命は、ナポレオン親王の長男ヴィクトルに継承されるべきであるというものだった。

イギリス兵士としての戦死

一八七九年三月下旬、喜望峰を経由したダニューブ号は、その一週間ほどのちに現在の南アフリカ東部の街ダーバンに到着した。市民の歓迎のなか、三〇年ほど前にこの地にうつり住み布教活動に従事しているというサボン神父がルイ皇太子をでむかえた。彼の到着を歓迎する街には、三色旗がはためく建物さえあったという。

そのころ、ズールー王国と対峙していたイギリス軍は、七九年一月から本格化した同王国との軍事作戦が難航していた。ルイがダーバンに到着したころ、チェルムスフォード司令官はまさに対ズールー族作戦のため数日前から不在にしていた。血気にはやるルイは、「ぼくのいつもの不運のせいで、ダニューブ号の到着が遅すぎた」と悔しがった。しかし、現地の気候に慣れなかったとみえ、すぐに微熱の症状が発症して、一〇日間ほど部屋で漫然とすごす日々を耐えなければならなかった。

病気がようやく回復したころ、ルイはもどってきたチェルムスフォード司令官と対面することができた。彼が本国のケンブリッジ公爵から託された司令官宛の手紙があることを司令官に伝えると、司令官は「殿下、あなたが読んでください」という。読むと、そこにはチェルムスフォード司令官が、ルイにどう対処すべきかという心得が書かれていた。ルイの気に障ったのは、その最後の一節である。

わたくしの唯一の危惧《きぐ》は、彼［ルイ皇太子］があまりに勇敢すぎることになりはしないか、ということなのです。

要するに、それはルイをけっしてイギリス軍人としての職務にあたらせないようにという指示だった。機嫌を損ねたルイを前にして、チェルムスフォード司令官も困りはて、「貴殿の立場を理解していますが、当方の立場も理解してください」と口にするのがやっとだった。すかさずルイは、こう返答した。

将軍閣下、私の切なる願いは、私が皇太子であることを忘れ、閣下が私を配下のひとりとしかみなさないことです。

やりとりの末、チェルムスフォード司令官は、ルイに参謀部勤務を命ずることにした。司令官にしてみれば、参謀部なら彼を危険な目にあわせなくてすむという判断があった。そのような司令官の計算をよそに、ルイはイギリス軍で勤務できることに大きな喜びを感じた。四月三十日、母ユジェニ皇后に書かれた手紙には、ルイの意気揚々と軍務に励む姿が目に浮かぶ。

われわれの宿営地は、レイディスミスから北東に五五マイル、バッファロー河からはほんの一〇マイルのところにあります。……同僚は私よりもずっと年上ですが、彼らとはとてもうまくやっています。

五月にはいっても、このような調子で参謀部勤務を楽しみ、自軍宿営地の武器弾薬や食糧を点検するなど、危険のおよばない範囲で働いていた。

六月一日の勤務も、それまでとかわらない内容になるはずであった。そこに油断のつけいる隙《すき》があった。午前九時にルイ皇太子は同僚八名とともに出発したのだが、馬上からでも使用しやすいカービン銃を携帯したのは三名のみで、あとは剣と小銃を身につけただけだったのである。任務の内容は、部隊が次に移動すべき宿営地ブラッド河左岸までの道筋を確認してくることだった。いつものように平穏のうちに事が運べばよいが、そうでなければ非常に危険であったといえる。そろそろ日が傾きはじめようとするころまで、順調に調査がすすめられた。とそのとき、仲間のひとりが茂みに隠れるズールー族を発見し、大声で警戒を呼びかけた。たちまち彼ら九名は混乱し、馬に飛び乗ろうとするも驚いて暴れる馬をなかなか御すことができないでいた。難渋しているルイに対して、仲間のひとりがフランス語で「殿下、急いでください！」と叫んだものの、馬に手こずるうちに肩を負傷して、地面に身体をうちつけられてしまった。すぐにルイは、もうすでに仲間が逃げさりつつあり、ただひとりズールー族の集団に囲まれていることに気づいた。あとは、ズールー族の攻撃に孤軍奮闘するしかなかった。

　翌朝、とうとう帰還することのなかった九名中四名について、イギリス軍の捜索がおこなわれた。ズールー族との戦闘があったと思われる場所には、裸であおむけに横たわるルイの遺体がころがっていた。ズールー族は、倒した相手の衣服や武具をもちさっていたのである。

遺体の前面には一七か所に槍《やり》の傷跡が残っており、背面には胸から達したとみられる槍先によるものをのぞいて傷はなかった。ルイが、敵に対して背中をみせることなく勇敢にたちむかっていたことは明らかだった。一説によれば、戦闘を終えたズールー族指揮官（Tashingway）は、ルイの勇敢さに敬意を表し、部下に対して彼の身につけていた金のネックレス、メダル、紅玉髄《べにぎょくずい》（カーネリアン）などの装飾品に手をつけないよう命じた。ルイにとって、それらは父帝の形見であり、それを託した母のことを思いださせてくれる品々であった。

ズールー族と戦うルイ（1879年６月１日）

ナポレオン四世としての皇位継承者たるルイが南アフリカで非業の死を遂げたという一報は、六月十九日にようやくロンドンに伝わり、翌日フランスにもたらされ、フランス国内各層に大きな反響を呼んだ。ルナンによれば、「フランスのあらゆる社会層において衝撃が走った」。当時エリゼ通り四番地にあったルエル宅には、弔問のための記帳をする人びとの長蛇の列ができたという。訪問者のなかには、「皇帝万歳！」と叫ぶ者も少なくなかったそうである。

ルイの亡骸は、現地での葬儀ののちイギリス軍艦によって、途中セント・ヘレナ島を経由してイギリスへと運ばれた。ようやく七月十日にポーツマスに到着した亡骸は、翌日、母ユジェニ皇后の待つカムデン・プレイスに帰還した。その夜、彼女は夜どおし棺によりそっていたという。十二日の朝、ヴィクトリア女王も参列しての葬儀が営まれた。外には多くの人びとが駆けつけていたが、なかにはフランスから数千もの人が弔問に訪れたと伝わる。そこにジェロム家の面々も参列していたが、今回ばかりはナポレオン親王の姿もあった。

そののち、ルイの亡骸はチズルハーストのカトリック教会に埋葬されたのち、イギリス南部ハンプシャー州ファーンバラに移葬され、父帝と母ユジェニ皇后とともに、いまなおそこに眠っている。

ルイ皇太子哀悼の碑。「皇太子通り」と命名された狭い通りの傍らに現在もひっそりと立っている

時は流れて、一九〇九年のある日のコンピエーニュ城でのことである。顔を覆った老齢の女性が、杖《つえ》をつきながら観光客の群れにまぎれてやって来た。皇太子の部屋にはいると窓辺に佇《たたず》み、窓からぼんやりと外の庭園を眺めている。そうこうするうちに、彼女は鎧戸《よろいど》を注意深く確かめはじめた。そこには、母親が息子の成長を記録した痕跡があった。それは、鉛筆で書きこまれた背丈の記録であった。胸に手をあてて瞑想にふけるかにみえた老女の頬《ほお》には、涙が伝っていた。ふりかえった彼女をみて、室内にいあわせた観光客がにわかに色めきたった。

まちがいない、ユジェニ皇后だ！

帝政崩壊から約四〇年、息子の死から三〇年後のこの日、皇帝の未亡人はかつて家族とともにすごしたかの地を自分の目で確かめたくなり、観光客として訪れたのである。その姿には、早世した息子を慈しむ母親の慈悲が満ちていた。その彼女も、一九二〇年七月十一日、約九四年間という長寿の末に、訪問先のマドリードにおいて数名の知人に看《み》とられながら静かに息をひきとった。

第二帝政の崩壊後、亡命地のルイ皇太子は、その成長とともに、とりわけ父帝死後に、ナポレオンの名に恥じぬ存在たらんと欲し、ボナパルト派首領としての自覚を深めていった。その結果たどりついたのが、ナポレオン皇朝の創設者と同じく軍人になるという道であった。ただしそれは、かつてナポレオン一世が敵対したイギリスの軍人としてであった。くしくも、早世したライヒシュタット公と同様に、彼もまた二十三歳という早すぎる死をむかえることになった。しかも皮肉なことに、ふたたび故国にもどることなくその生涯を閉じるという、歴代ナポレオンの運命を共有することになったのである。

終　章　その後のボナパルト一族

ボナパルト家当主継承問題――ジェロム皇統の誕生

ルイ皇太子の他界により、ボナパルト派内部には、もともとあった小さな亀裂がさらに大きくなっていった。そもそもボナパルト派といっても、正統王朝派とも良好な関係を築こうと志向する右派から、一七八九年革命の精神を継承しつつ権威主義的民主制を志向する中間派、共和派に近い左派にいたるまで複数の政治傾向を含んでいた。このなかで中間派を代表するのが「人民への呼びかけ」派を指導するルエルであり、左派はナポレオン親王を中心とする勢力である。しかも、ナポレオン親王は折から共和派を自認して「人民への呼びかけ」派とは一線を画しており、ルイ皇太子の死後には共和政への合流を表明した。歴史家ロスニーの言葉を借りれば、ルイ皇太子の他界した一八七九年は「第三共和政の真のライヴァルとしてのボナパルティスム終焉」の年となった。

ルイ皇太子の逝去にともない、皇位継承権は、帝国法の規定にしたがってナポレオン一世の末の弟ジェロムの家系にうつった。規定によれば、「ナポレオン五世」を継承すべき者は、ナポレオン三世のいとこ、つまりルイの叔父にあたるナポレオン親王であった。しかしここで、その子ヴィクトルを次の継承者に指名したルイ皇太子の遺言が問題をこじらせることになる。ナポレオン親王は、この遺書とされる文書を単なる個人的な備忘録にすぎないとして重んじなかったし、ボナパルト派のなかには唯一の家長にナポレオン親王を「ナポレオン五世」としてかつぐ者もあった。ジェロム家系内で親子の対立がつづくなか、八三年十二月、ナポレオン親王は息子ヴィクトルに対する批判を初めて公表した。

現在、義務の政治と簒奪の政治という二つの政治がある。前者は私の政治であり、ナポレオン一世とナポレオン三世とに由来する栄光の伝統によってひきつがれたものである。

これに対し、ヴィクトルは一八八四年六月十九日にみずからが正統な「ナポレオン」継承者である旨を宣言し、父親に対して毅然と反論した。

熟考の結果、私はわが父のもとを去らねばならなかった。……私にとって唯一の行動指針は、皇帝ナポレオン一世と皇帝ナポレオン三世によって遺《のこ》されたそれである。（八四年六月二十七日付『ル・マタン』紙）

こうして、父子はいずれが正統なる「ナポレオン」の継承者であるかを競ったのである。

「ナポレオン五世」以後のボナパルト派――党派的個性の希薄化へ

皇位継承権をめぐる内紛は、ボナパルト派の政治活動にも打撃をあたえることになった。そもそもボナパルト派の結束は、党派首領たる皇位継承権者の求心力に多くを負っていたが、ナポレオン三世の時代でさえ、選挙対策のための十分な資金が確保できないでいた。代がかわっても、ルイ皇太子のために残された遺産はごくささやかなものでしかなかった。したがって、フランス国内のボナパルト派で選挙に立候補できるのは、自己資金で費用をまかなえる者にかぎられたといってよい。こうした資金の問題に、ボナパルト家当主の座、すなわち皇位継承権をめぐる親子の対立がくわわったわけである。

二人の「ナポレオン五世」という双頭の鷲は、必然的に党派としての弱体化をまねくことになった。ボナパルト派は、はやくも八一年の下院選挙で惨敗を喫したのち、八五年には右派二〇〇議席中六五議席にとどまった。さらに追いうちをかけるかのように、一八八六年六月二十三日には、皇位継承権者追放法が成立した。これにより父子は別々に亡命することとなり、ナポレオン親王はスイスのジュネーヴにほど近いプランジャンに、ヴィクトルはブリュッセルへと拠点をうつすことになった。

折しも、一般に帝国主義と呼ばれる時代をむかえ、フランスもまた八〇年代からアフリカ、東南アジアにますます勢力圏を拡大しつつあった。国内では、オポルテュニスト政権に批判的な保守層の期待を一身に集めたブランジェ将軍が政治活動を精力的に展開し、やがてボナパルト派を含む支持派によるクーデタ未遂（ブランジェ事件）をへて、帝政復興の望みは薄れていった。

フランス国内にボナパルト家当主をもたなくなったボナパルト派は、政治的にはもはや頭を欠いた烏合《うごう》の衆にすぎなかった。おまけに、マク・マオン退陣をめぐってボナパルト派内部の亀裂がすでにみられたし、八三年に襲ったシャンボール伯の他界を主なきっかけとして、選挙対策のためとはいえ、ボナパルト派の一部には正統王朝派と接近しはじめる者さえいた。九一年三月のナポレオン親王逝去でさえも、ヴィクトルを中心としたボナパルト派の再建を促進させることはなく、ボナパルト派の面々は他の保守派や共和派など既存の党派に融合していった。このようにしてナポレオン四世亡き後のボナパルト派は、党派としての一体性を決定的に欠くことになり、それどころか党派としてのアイデンティティさえも大いなる危機をむかえたのである。

こうしたなかおこなわれた九三年の下院選挙では、ボナパルト派がわずか一二議席にまで減少し、一九一〇年には当主ヴィクトルが共和政をうけいれる意向を示したものの、一四年の下院選挙では一五議席しか獲得することができなかった。晩年のヴィクトルは政治活動から身をひき、相続していたアジャクシオにあるナポレオンの生家をフランス政府に寄贈し、二六年に息をひきとった。こうして、「ナポレオン」の名とボナパルト派とが、政治の表舞台からひっそりと姿を消したのである。「ナポレオン」皇帝を戴く帝政復活の可能性が、ほとんど決定的なまでに閉ざされた瞬間であった。

ヴィクトルの一人息子であるルイ＝ナポレオン（一九一四〜九七、ナポレオン六世、数えかたによっては七世）は、父親の他界時にはまだ十二歳の子どもでしかなかったが、晩年の父親を身近で観察したせいであろうか、成長してからも現実の政治世界から距離をおきつづけた。一九三八年にプランジャンでのある集会において、自分が「皇位請求権者ではない」旨を宣明し、現行の共和政府にしたがう姿勢を鮮明にした。その直後に彼は、「人民への呼びかけ」派の解散とその機関紙の廃刊にも支持をあたえた。ヒトラーの侵攻時には、フランス兵として戦線にくわわることを時のダラディエ大統領に直訴し、素性を隠すなどの条件付で祖国の軍隊に入隊した。その後、四九年八月にはオリオル大統領の特別な許可のもと、フランス国内でアルベリク・ド・フォレスタ伯女アリックスと結婚した。翌年この夫婦から生まれたのが、後述のシャルル、つまりボナパルト家の現当主ジャン＝クリストフの父親である。

一八八六年の皇位継承権者追放法が撤廃されたのは、まさにこのころである。この一九五〇年六月二十四日法は、「ナポレオン」がもはや共和国の脅威ではなくなったことや、ナチス・ドイツとの戦争におけるルイ＝ナポレオンの献身があってこその立法化であった。屈辱の対独敗戦を喫したルイ＝ナポレオン（ナポレオン三世）の汚名が、約八〇年後に同じ名をもつルイ＝ナポレオン（ナポレオン六世）によってそそがれたというのは歴史の因果というべきか。

アメリカ系ボナパルト

十九世紀の終わりにもなると、ボナパルト家の構成員はかなりの大人数に膨れあがる。ナポレオン史家ティエリ・レンツによれば、ナポレオン一世の直系子孫だけでも、現在一三〇名ほどにものぼるという。ヨーロッパ各地にはナポレオン一世期以来の王侯貴族との婚姻関係もあり多くの親族が散在しているが、こうしたボナパルト家のなかで異色なのはアメリカ系一族の存在であろう。

この家系のはじまりは、ヴェストファーレン王ジェロムがナポレオンの意に反してアメリカ人女性エリザベス・パタースンと最初の結婚をしたことにさかのぼる。アイルランド出身のパタースン家は、十八世紀後半に新天地を求めて北アメリカにわたった一族で、十九世紀にはいるころには息子ウィリアムがボルティモアの銀行家として大成していた。アメリカ滞在中にその娘をみそめた弱冠二十歳のジェロムは、一八〇四年十二月に十九歳の彼女とボルティモアのカトリック教会で結婚式をあげた。翌年の七月には、この結婚からひとり息子が生まれ、ジェロム・ナポレオンと名づけられた。

悪いことに、この結婚はナポレオン一世の意に沿わないどころか、なかば独走気味にジェロムが突っ走った結果であった。結婚の翌年になってフランスにもどり、弁解しようと試みたジェロムに、皇帝となってまもないナポレオンは面会を許可しなかった。許しを乞《こ》うためジェロムが送った手紙に対して、ナポレオンは「パターースン女史との結婚は、宗教的にも法的にも無効」である旨を伝え、彼女との離婚を主張するとともに、彼女にボナパルトの名を称することを禁じた。それが、兄弟の関係を旧に復するための唯一の道だというのである。結局、ジェロムが屈服し、ようやく五月六日に皇帝に会うことが許された。これによって、皇位継承権者のなかにジェロム家も含まれることになった。

その後、息子ジェロム・ナポレオンとともにボルティモアで生活していたエリザベスは、復古王政下にナポレオン体制の犠牲者であるとみなされてパリでの生活を許可され、当地の社交界に出入りすることとなった。息子にヨーロッパでの教育をうけさせたいと願った彼女は、ジェロム・ナポレオンをジュネーヴのコレージュ・サン＝タントワーヌに入学させ、そこで三年間学ばせた。エリザベスのほうは、ローマを訪ねてはレティティア皇太后や元夫の兄弟姉妹たちと親しく交流した。

エリザベスの息子ジェロム・ナポレオンはといえば、コレージュを卒業したのちハーヴァード大学で学び、この間、イタリア在住の父ジェロムと対面した。大学卒業後は母と別れて単身ボルティモアにもどり、弁護士業を営んだ。一八二九年にスーザン・メイなるアメリカ人女性と結婚し、二子をもうけることとなる。彼は母親によって親戚づきあいが維持されていたこともあり、アメリカに腰をおちつけたあとでもヨーロッパのボナパルト家と同族の交わりをつづけた。クーデタ未遂によりフランスを追われたルイ＝ナポレオンが、アメリカにたちよった一八三七年に一時的に滞在したのは、このジェロム・ナポレオンの邸宅であった。五二年に皇帝となった彼は、サン＝クル宮にジェロム・ナポレオンを招待し旧交を温めた。翌五三年八月、ナポレオン三世はボルティモアのボナパルト家にフランス国籍を認め、フランスにおいてもボナパルトと名のる権利を保障した。

ジェロム・ナポレオンの息子二人のうち、父と同名のジェロム・ナポレオンはフランス軍でキャリアをつみ、第二帝政崩壊後はアメリカに帰国して一八九三年に生涯を閉じる。彼には息子がひとりいるが、この息子は子がないまま一九四五年に他界した。他方、ジェロム・ナポレオンから二十一歳もはなれた弟のチャールズ・ジョゼフ（シャルル＝ジョゼフ）は、

チャールズ・ジョゼフ・ボナパルト

父と同じくボルティモアで弁護士をつとめたのち、アメリカ当局において行政手腕を発揮し、セオドア・ローズヴェルト大統領のもとで司法長官に任命された。彼は、連邦捜査局（FBI）の創設に寄与し、組織犯罪の摘発に尽力した。子どもには恵まれず、跡継ぎのないままに一九二一年に他界し、ナポレオンの末弟ジェロムに由来するアメリカ系ボナパルト家の男系は断絶した。

現代の「ナポレオン」――「ナポレオン七世」の動向

現在、「ナポレオン」にまつわる研究団体、サークルはかなりあるが、いずれも政治的色彩をもたない組織である。ルイ皇太子（ナポレオン四世）に関しては、彼にゆかりのある南アフリカの地に「皇太子街道」がつくられたのが一九九六年のことである。ダーバンから北西に三〇〇キロメートル弱のダンディまで、そのダンディから東方に進路をかえて七〇キロメートルほど先にある皇太子記念モニュメントまでの道路がそのように命名されたのである。ルイ皇太子をめぐる事件が、逆にフランスとの関係をつくったとして観光資源化され、ルイ皇太子の記憶を未来に残すための事業としても役だっている。

現在のボナパルト家当主は、ルイ＝ナポレオン（ナポレオン六世）の死後、順調にいけば長男シャルル（一九五〇〜）が継承するはずであった。しかし、多少なりとも厄介な事情から、家族内の内紛ともうけとられかねない相続の問題が襲った。というのも、ルイ＝ナポレオンは遺言で孫のジャン＝クリストフ（一九八六〜）を自分の後継者に指名したからである。それに対して、シャルルは遺言に反旗をひるがえし、父親が他界してから「シャルル・ナポレオン」と名のるようになり、あたかもみずから当主であるかのようにふるまった。シャルルは父親の遺言に関して、自分の離婚歴と政治活動とが不当にも理由とされて相続から排除されたことに反発したと自著で述べている。たしかに彼は、一九八九年に離婚を経験しており（九

シャルル・ナポレオン（2004年当時）

六年に再婚）、政治的には中道あるいは中道からやや左派よりの立場で活動することが一般的で、二〇一二年の大統領選挙ではオランド支持にまわるなどしていた。

以上にみる顛末が外部の者からみれば相続争いにみえたのも不思議ではなく、じじつシャルルをボナパルト家当主たる「ナポレオン七世」とみなして、その政治活動をとりあげる報道もあった。そのころシャルル・ナポレオンは、アジャクシオ市助役をつとめていたコルシカから、ナポレオン一世のかつての居城があることで知られるフォンテヌブロに活動拠点をうつし、政界いりをねらっていた。彼は、二〇〇七年六月の総選挙にフランソワ・バイルが設立した中道党派「民主運動」の候補者として出馬し大差をつけられ落選したが、それまでこの

24 HEURES

Elections législatives

Charles Napoléon défie Didier Julia

S'IL EST une circonscription qui peut réserver des surprises aux élections législatives de juin 2007 en Seine-et-Marne, c'est bien la 2e, où sont déjà annoncés officiellement trois candidats : le sortant, Didier Julia, pour l'UMP, Nelly Renaud-Touchard pour le PS et Charles Napoléon, qui a annoncé mardi son investiture par l'UDF. Car la question est : qui peut battre l'inoxydable Didier Julia (72 ans), qui fêtera l'année prochaine son 40e anniversaire de député de la circonscription ?

Valeur sûre ou renouveau...

Au départ, rien n'était joué. Les responsables départementaux de l'UMP n'étaient pas entièrement favorables à la candidature du sulfureux député, impliqué dans la tentative avortée de libération des otages français en Irak, en septembre 2004. A cette occasion, Didier Julia n'avait pas du tout apprécié de devenir la vedette des « Guignols de l'info » sur Canal +, sous le nom de « Didier l'Embrouille ». Mais il semble que, du côté des responsables de l'UMP, on veuille conserver une valeur sûre, élue à chaque fois au premier tour. Sauf en 2002, où la candidate Nelly Renaud-Touchard l'avait mis en ballottage, avec 23,7 % des voix.

Dans les rangs de l'UMP, il y aurait d'autres prétendants. A la moindre défaillance de Didier Julia, hypothèse hautement improbable, Jean-Pierre Le Poulain, maire UMP d'Avon, se déclare « prêt à prendre la relève ». Mais une autre personnalité se verrait bien aussi sur la ligne de départ, en candidat libre : Frédéric Valletoux, maire UMP de Fontainebleau, qui, lui, n'a pas reçu l'investiture. « Pour l'instant, ma décision n'est pas prise. Ce qui me gêne, c'est que la direction de l'UMP parle de renouveau de la classe politique. Là, le député actuel se présentera pour la douzième fois. J'avais 1 an lors de sa première élection », résume ce dernier avec humour. Même ironie à propos du candidat Napoléon. « C'est un transfuge de gauche, encore élu en Corse et parachuté dans le secteur. » Ce dernier proteste. « J'ai des amis dans la région et j'ai été fait citoyen d'honneur de Fontainebleau. Je crois que cette circonscription a besoin d'un homme neuf. Nul n'est propriétaire à vie d'un mandat de député. Quant à mon poste à Ajaccio, j'ai démissionné de mes délégations voilà un an. Je reste simple conseiller municipal du centre gauche afin d'éviter des problèmes politiques à la majorité. »

PASCAL VILLEBEUF

Dans la 2e circonscription, Charles Napoléon (à gauche) a annoncé son investiture par l'UDF. Didier Julia (UMP), fêtera l'année prochaine son 40e anniversaire de député. (LP/SEBASTIEN MORELLI ET OLIVIER CORSAN)

Le Parisien 紙（2006年11月27日）

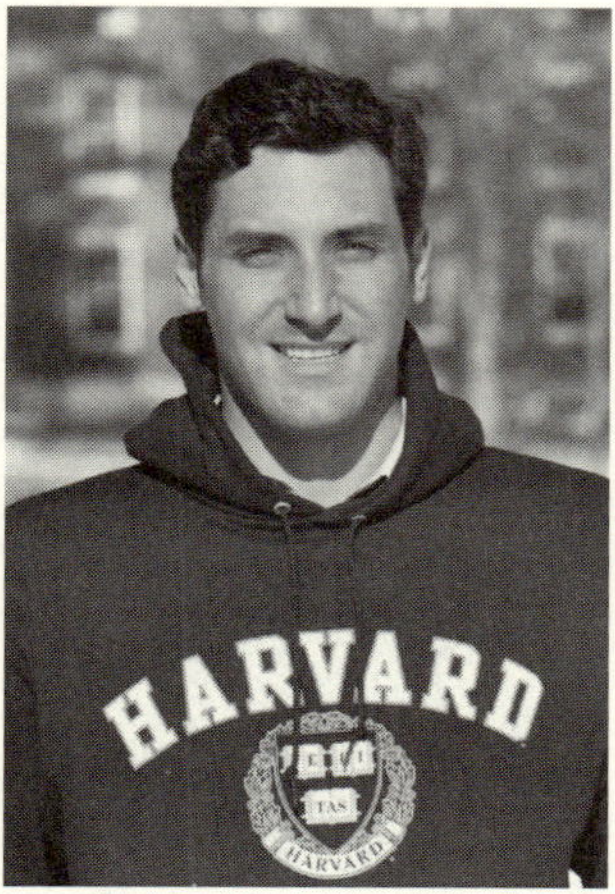

ジャン＝クリストフ・ナポレオン

街とは無縁だったシャルルが、有効投票の九%をも獲得したことは驚くしかない。こうした議会選挙の結果からみえてくることとは、ナポレオンの名がいまだ健在であり、何かのきっかけさえあれば政治の世界で一定の役割をになう可能性が皆無ではないということであろう。

シャルルは、その翌年にはヌムール市議会に当選したが、一年もたたないうちに辞職し、それ以降はめだった政治活動をしていない。そののち彼は、二〇一二年から「シャルル・ナポレオン」との呼び名をあらため、「シャルル・ボナパルト」と称するようになった。これにともなって、名実ともに「ナポレオン親王（ナポレオン七世、数えかたによっては八世）」の名をもつ当主の役割を長男ジャン＝クリストフにゆずったものとみられる。もっとも、ジャン＝クリストフはハーヴァード・ビジネス・スクールでの学生生活を終えたばかりで、現在は社会人として金融の分野で働くことに専念しており、公的舞台で特筆すべき活動をおこなっているわけではないようである。しかし、公的活動に関心がないわけでなく、まずは故国フランスを遠くアメリカの地から客観的な立場で眺めつつ、経済の専門家としての視点から世のなかの動きをしっかりと観察している、とは彼自身の弁である。なお、エリート世論を代表する高級紙『ル・モンド』などは、近ごろ彼を取材した記事「ナポレオンの亡霊たち Les fantôme de Napoléon」を掲載したが、彼がアメリカ訛りのフランス語を話すことにわざわざ言及して、一種の違和感を表明しさえする。思いかえせば、かつてナポレオン三世が当時のエリート層にドイツ訛りのフランス語を話すとして揶揄されたことがあるが、このことが記者の念頭にあったのかどうかは定かでない。

いずれにせよ、かつてボナパルト派が主張した普通選挙制も国民投票制も、いまやあたりまえの時代になった。独自の明確な政治綱領としては、あえていえばボナパルト家当主をいただく帝政の復活くらいしか、もはや残されてはいない。しかも、シャルル・ボナパルトは共和国擁護の立場を守りつづけ、政治活動の折にはつねに主流派とは一線を画しながら選挙戦を戦ったのちに政界から姿を消した。これは、政治勢力としてのボナパルト派が、もはや政治的な存在理由をもたないことを傍証するかのようでもある。あるいはそうであるがゆえにというべきか、ジャン＝クリストフの今後の動向が気にかかるところでもある。筆者などには、祖国をはなれて鍛錬をつんでいるその姿が、イギリスで自身の成長を果たそうともがいたルイ皇太子（ナポレオン四世）とだぶってみえてくる。

二人の皇帝をめぐる後世の評価

本書を結ぶ前に、実際に皇帝として統治した二人のナポレオンに関する評価の対照性について付言しておきたい。本書執筆の原則として、毀誉褒貶《きよほうへん》にかかわりなく両者を衡平《こうへい》にあつかうこととし、どん底からの復活という側面、異邦人としてのナポレオンという側面、そして「ナポレオン」という名の記号性に注目してきた。一般的にいって、ものごとにはつねに裏と表（あるいは欠点と利点）があり、それは政治家についても同様であり、両ナポレオンの評価もまたその功罪を一概にいうことはできない。さらにそれは、立場によっても、時代によっても変化しうる。

しかしながら、それでもなおナポレオン一世とナポレオン三世の評価は好対照でありつづけたというしかない。「まえがき」でも指摘したとおり、それは歴史家の記述にも反映し、前者がフランスの英雄ならば、後者は邪悪な独裁者であるとの評価が長く優越してきたことは否めない。このことは、二人をとりあげた本の出版状況ひとつみても明瞭である。ナポレオン一世に関連する著書のために、いったいどれくらいのインクが流されたことだろうか。それに対して、ナポレオン三世の劣勢は明らかである。わが国では、近年、かろうじて若干の出版がみられたが、それでも両者の差は埋めがたい。この対照性をどのように理解すればよいのだろうか。すべてを説明しつくすことは難しいが、少なくとも以下の諸点はおさえておこう。

第一に、没落にともなう必然的な側面である。ナポレオン一世とナポレオン三世の双方に共通することだが、没落直後に成立した体制は、みずからの正統性を主張するために、前の体制を拒絶するところにも自己の存在理由を求めるものである。ナポレオン一世のばあい、直後に成立した復古王政は、ブルボン王朝を倒したフランス革命を、それゆえその継承者たるナポレオン一世の体制をも否定した。大革命の継承者を自認する人びとが復古王政に対抗しようとすれば、ナポレオン一世をみずからの政治的シンボルにすることは、程度の差こそあれ必然的だったともいえる。

時代はかわって、十九世紀中葉の社会主義の理論家カール・マルクスは、フランスにおける二月革命以後の政治状況を観察して『ルイ・ボナパルトのブリュメール十八日』を著述したが、そのなかでナポレオン三世の出現について「すべての世界史的な大事件や大人物はいわば二度あらわれるものだ……一度目は悲劇として、二度目は茶番として……」と評した。同様にヴィクトル・ユゴは、亡命先で痛烈にナポレオン三世とその体制を批判し、皇帝を「小ナポレオン」と呼んで蔑《さげす》んだ（非妥協的共和派の論調を代表する）。こうしたナポレオン三世批判は、一八七〇年以降、第三共和政の成立とあいまって、「黒色伝説 légende noir」として歴史記述に色濃く反映されていった。この点がナポレオン一世と対照的であり、もしかすると共和政という政体がつづくかぎり、このような基本的論調は逆転しないのかもしれない。

第二に指摘できるのは、フランス史の明暗という歴史解釈に由来する側面である。敗戦によって没落した点は両者とも同じであるにもかかわらず、ナポレオン一世にはフランスの栄光を体現した英雄だとか、「革命の子」、「小伍長」（兵士の側面を強調するあだ名）だとかいう親しみやすいイメージが、それに対してナポレオン三世には対独敗戦（それゆえアルザス・ロレーヌ喪失）の責任者という悪いイメージが強く染みついた。ただし、後者の側面はナチスによる侵略など新しいできごとの衝撃が強いため、時間とともに忘れられるものである。しかしナポレオン三世には、ナポレオン一世と同じくクーデタで権力を奪取して共和政を崩壊させたにもかかわらず、さらに「陰謀家」というイメージもまとわりついた。これには、若年期から世の「おとな」たち（つまり既存エリート層）と対立していたという要因が大きい。ナポレオン三世が、長くエリート層にうけなかった理由もそこにある。

では、ナポレオン三世は政治家としてまったく評価できない人物なのだろうか。実をいえば、第二帝政には、時としてナポレオン一世期以上に革新的な政策が展開されたとさえいえる。いくつか例をあげると、一八六〇年以降、ナポレオン三世は英仏通商条約を締結して貿易自由化にふみだし、議会権限を強化（皇帝権力の優越性を保ちつつも、議会政治の要素を強化）し、出版を自由化し、労働者のストライキ権を承認するなど、政治と経済の自由化をすすめた。これらは一般の独裁体制と大きく異なるし、あげくには穏健共和派のなかから帝制を支持する者さえあらわれ、治世末期には共和派のオリヴィエ内閣が成立する。鉄道網やパリの街並みなど、現代のフランスにはナポレオン三世の遺産が少なくないことは、もはやいうまでもなかろう。

一八七〇年五月に実施された体制信任を問う人民投票では、体制批判を比較的自由におこなえるようになり、反体制派が表面化するようになったにもかかわらず、有効投票の八三％(有権者の七〇％)の賛成により帝政は信任された(なお、パリをはじめとする大都市では反対票が多数派)。帝政崩壊の直前、政治的に成功していたナポレオン三世の没落を用意したのは、国内における失政というよりも、むしろ対独戦の敗戦であった。ワイン酸化防止法の発見で知られる化学者パストゥールは、はやくも帝政崩壊の翌日に「彼の統治は、わが国の歴史のなかでもっとも輝かしい統治のひとつである」と述べた。彼の予見はある意味において正しかった。とくにこの三〇年のあいだに、フランス本国でのナポレオン三世をめぐる評価は多少なりともプラスに転じたようにもみえる。

いずれのナポレオンについても、一次史料の発掘・分析にもとづくアカデミズムによる研究が本格化し、真に学術的といいうる研究が優勢になっていくのは、意外にもつい第二次大戦後のこと、もっといえば五〇年ほど前からにすぎない。ナポレオン一世に関しては、テュラールがアカデミックな研究の進展に大きく寄与し、三世についてはダンセットやプレシス、ジラールなどの研究者が、第二帝政の近代性ないし進歩性を照射した。これにつづく歴史家も多くあらわれることになったが、多くの歴史家が参加する『ナポレオン事典』(一九八八年)や『第二帝政事典』(一九九五年)などの有益な共同事業が刊行されたことは、そのような動向を端的に象徴している。

むすび

本文でみてきたとおり、ナポレオンの名がフランス史の表舞台で大きな役割を演じたのは大革命から二月革命にいたる政治的・社会的な激動期であった。革命はフランス国内に大きな影響をあたえただけでなく、フランス発の大変革の波は広くヨーロッパ中にインパクトをあたえずにはおかなかった。そうであればこそ、ナポレオンの名も容易に国境を越えていったのである。

フランス国内では、一八三〇年の七月革命時、「共和国万歳」に混じって「ナポレオン万歳」のスローガンも聞かれた。一八四八年の革命時には、あらたに選挙権を手にした民衆層の多くがナポレオンの名をもつ候補者たちに期待票を投じ、そのなかでルイ＝ナポレオンが一気に台頭したのであった。国外では、ナポレオン一世はポーランドにとっての解放者となり、逆にイギリスやオーストリア、ロシアなど大国にとっては秩序破壊者でしかなかった。そのようなイメージが投影されたがゆえに、ナポレオンの名をもつウィーン宮廷の青年は最後まで表舞台から遠ざけられたのであった。しかし時代は激動する。ヨーロッパ中に吹き荒れたナショナリズムの嵐のなかで登場したナポレオン三世は、ウィーン体制の国際秩序に抗して、イタリアやルーマニアの国民国家形成に大きな役割を演じた。総じてそれは、過去への漠然とした追慕にとどまらず、むしろ既存体制への不信によっても特徴づけられる歴史変革の大きなうねりであった。

この歴史的文脈において、ナポレオンという英雄が誕生し、彼が皇帝位についたことは、古代ローマの栄光を想起させる思想的な力をフランスにあたえることができた。古代ローマの継承者としての自負、ヨーロッパの中心としての自負、これらはいずれもフランスの栄光と強く結びつく理念であった。こうしてナポレオンの名は、ヨーロッパの歴史と深く関係づけられつつ、由緒正しい文化的正統性やそれにもとづく優位性などの観念と結びつき、いい知れない魅力をはなって、大きな吸引力を発揮する要因ともなったと考えることができる。

こうみてくると、時の中央権力、つまり既存体制が機能不全に陥ったとき、その間隙《かんげき》に同縁から中心へとすっとはいりこんでくるキー・パースンこそ、ナポレオンの名をもつ人物ではなかったか。たとえばコルシカ人としてのナポレオンについて言及したのは、これに関連する。他のナポレオンも状況的には一世と似たようなものだったろう。幼少期にフランスからはなれることを余儀なくされたナポレオン二世はいうにおよばず、多感な時期を亡命先ですごした三世と四世もまたしかりである。いわば異邦人としてのナポレオンという立場は、フランス本国の既成の枠組みにとらわれぬ柔軟な発想を可能にする条件であった。

フランスの政治史家ブリュシュによれば、ボナパルト主義という政治潮流はつねに既存体制に対する左派として政界に登場した。そうした政治的左派としての位置づけは、ひとつに異邦人ナポレオンという立場によって保証された面が大きい。また、既存体制に抗する象徴的人物としてのナポレオン、という観点を導入することによって、民衆層からの絶大な支持を説明できるメリットもある。

それだけではない。名前の多義性にささえられ、ナポレオンという記号は、既存体制に対するアンチの思想としてのみならず、保守的な思想としても機能しえた。それを可能にしたのは、新旧融合の両要素をあわせもつという「ナポレオン」の名にまつわる多義性であった。この多義性こそ、歴史を動かす潤滑油の役割を果たし、「ナポレオン」の名は歴史の転換点にそれじたいがスローガンとして力をもつことにもなったのである。

一九九九年のことだったか、初めてパリに長期滞在したおり、北駅前を散策していると偶然にも「ナポレオン三世広場」を発見した。猫の額ほどの、広場と呼ぶにはおこがましいくらいの小さな広場だ。そう命名されたのは一九八七年のことで、それまではルベ広場（Place de Roubaix）と呼ばれていた。いくら小さな広場とはいえ、それを発見したときの感動と驚き。ナポレオン三世の没落日を記念する「九月四日通り」はあっても、あるいはパリ改造に貢献した県知事の名を付す「オスマン通り」があるとしても、まさかナポレオン三世の名を冠する命名はないだろうと思いこんでいた矢先の発見だった。その後、パリ中心のセーヌ河にかかる橋のひとつに「ナポレオン三世により建設された両替橋 Pont au Change」という比較的新しいプレートも発見した。フランス本国でナポレオン三世の復権を肌で感じるには十分な発見だった。ようやくナポレオン三世も「歴史」になりつつある。

ところで歴史家ミルザによれば、パリの北駅は象徴的な意味をもっている。その理由は、ナポレオン三世の亡骸が、ユジェニ皇后と息子「ナポレオン四世」とともに、いまだ亡命先イギリスのロンドン近郊に眠っているからである。周知のとおり、北駅はユーロスターでロンドンと連絡している。皇帝一家がフランスに帰還するとすればこの北駅なのであり、祖国での第一歩をナポレオン三世広場にしるすことになるのだ。

幼いナポレオン三世が伯父の大ナポレオンとともにすごしたのは、長くともせいぜい一八〇八年から一八一五年のこと。その伯父の遺骸は、セーヌの河辺アンヴァリッドで眠っている。ナポレオン三世が、二〇〇年の時をへて伯父との再会を果たす日はやってくるのだろうか。もしかすると、ナポレオン四代がそろってパリの地に眠る日の到来は、意外とそう遠い未来ではないのかもしれない。

あとがき

本書の構成は、一般的な歴史概説書のように各時代を体系的に説明するのではなく、おのおののナポレオンを軸としつつ、各人が属した時代の雰囲気をつかみとるのに適すると考えられる諸側面の記述も可能なかぎり配置した。画像をなるべく多く使用したのも、この考えにもとづく。それは、各ナポレオンの時代を調べたい読者の便宜をはかるための試行錯誤でもある。またその目的に沿って、ボナパルト一族間にみる横のつながりもわかるようにも努めた。幸いなことに、とりわけ一世と三世については、書簡を中心とする多くの一次史料が伝存しており、公務からはなれた私人としての生の声を聞くことも可能である。筆者は、可能なかぎりそれらの一次史料を参照した。

くしくも本書執筆の過程で、フランスとヨーロッパとで大きな動きがみられた。二〇一七年はフランス大統領選挙年であり、国民戦線（一八年六月より「国民連合 Rassemblement National」と改名）の候補者マリーヌ（同党党首）が決選投票にすすんで大きなニュースになった。このマリーヌがかかげるスローガン「人民の名において」は、十九世紀のボナパルト派を連想させるに十分である。ただ大きな違いは、国民戦線が「ナポレオン」を唯一の拠《よ》りどころとするわけではないということであろう。しかし、その自国第一主義は、いまやヨーロッパ中で吹き荒れる嵐のごとくである。

他方イギリスでは、EU離脱の是非を問う国民投票が実施され、結果、離脱支持派が約五二%を占めた。つまり、イギリスの民意はヨーロッパからの別れを選択したのである。他のヨーロッパ諸国でも、極右と呼ばれる党派がフランスと同様により多くの支持を集めつつある。まさに今、ヨーロッパは歴史の転換点にあるといってよい。それにはさまざまな原因が考えられるが、無視できない主要因のひとつが移民問題である。現代のようにEUが移民問題に真正面から対峙しなければならないとき、かならずといってよいほど移民排斥を訴える声が大きくなる。移民に寛容でありつづけたフランスでさえも、例外ではない。先述のフランス大統領選挙とイギリスのEU離脱とはいずれも、みずからの国がいかにあるべきかという自問自答のひとつの形である。もちろん、すぐに答がでるわけではなかろう。とはいえ当面のあいだ、みずからの歴史に対する自己検証がすすむことになろうし、事態は予断を許さない。今後しばらくは、ヨーロッパの動向から目がはなせないゆえんである。グローバリズムの時代にあるからこそ、ヨーロッパ史学習の意義が減ずることはないのである。そのような学習のために、本書が多少なりとも貢献できれば望外の喜びである。

本書の内容は、筆者が勤務する大学での全学教育・展開科目「歴史学」のために構想し作成した講義ノートをもとにしつつ、それを大幅に加筆修正したものである。講義の配布物には、授業内容のレジュメとは別に「質問ノート」という名のB5判メモ帳を回覧している。それは「質問ノート」とはいうものの、口にだすのも憚《はばか》られるような素朴なレベルの質問に開かれたアイテムで、対話型授業を実現させたいとする願望（正確には試行錯誤）の一環でもある。ノートは、それが回ってきた学生にのみ書きこむ権利があたえられるが、前方の席にしか回ってこない。こうした制度がよほど珍しいのか、毎回のように前の席とりをめぐる争奪戦が展開される。大学の講義にしては稀有《けう》な光景である。こうして募った受講生の素朴な疑問に対する回答は、配布プリントに反映させたり、授業中に口頭で解説するなどして授業内容にフィードバックしている。素朴な質問からは、時として専門家が思いもつかないような盲点が指摘されることもある。そのたびに筆者は考えこみ、どうすれば受講生を納得させるような説明ができたものかと思案する。このような過程をくりかえすうちに、講義ノートは少しずつ形になっていき、本書の骨格ができあがっていった。筆者の拙い授業を熱心に聴講し、最後までつきあってくれた文学部MT（カベ夫）くん、農学部NT（なりさん）くん、医学部KM（すっとこどっこい）さんらをはじめ実に多くの受講生が、折に触れて授業内容に関する的確かつ鋭い質問をよせてくれた。

ここまで書いてきたところで、学生時代をつうじ研究指導の労をおとりいただいた深沢克己先生（京都産業大学客員教授、東京大学名誉教授）が日本学士院会員に選出されたとの吉報に触れた。先生には、まだ右も左もわからぬ筆者に対して、研究内容はいうにおよばず、研究者とはどうあるべきかという根本的姿勢をも厳格に叩きこんでいただいた。大学院進学後に、ナポレオン三世の研究にむかうきっかけをあたえてくださったのも先生である。本書が、多少なりとも学恩に報いるものになったならば、筆者としてこれにまさる喜びはない。

本書執筆にあたり、編集部の白戸直人さん、吉田亮子さんからは、「大学一年生が辞書なしで読める」ように書くべしとの強い要望があり、筆者はこれに応えようと悪戦苦闘した。しがない論文書きにとって、それは予想外に難儀なことであったし、えてして独りよがりになりがちな大学研究者にほどよい試練をあたえてくれ、貴重な向学の機会に恵まれた。ただし、こういってしまっては身も蓋《ふた》もないが、どこまで要望に応えることができたのか、まったく自信はない。ただでさえ遅筆の筆者は、他にも複数の原稿執筆をかかえながら、まるで健康増進法の趣旨に抗《あらが》うかのように机にむかいつづけ、四苦八苦して隙間時間をひねりだし本書の執筆をすすめた。とりわけ担当の吉田さんには、年末年始という俗事からの解放感に浸るべき至福の時を、本書の校正作業にあてざるをえない素敵なスケジュールをご提案いただいた。それは、故郷に帰省してのんびりすごすなどという甘い幻想を吹きとばすに十分な威力をもって筆者の怠慢心を粉砕した。末代にまで語り継ぎたくなるようなこの提案は、学生時代に味わった学位論文提出期限前の阿鼻叫喚《あびきょうかん》地獄をふたたび体験させてくれた。もちろん、初心を思いださせてもらえたという意味では、かならずしも筆者にとって悪いことではなかった。いずれにせよ、遅々として進捗しない作業を忍耐強く待ちつづけていただいた編集部には、まったくもって感謝の言葉しかみつからない。くわえて、浅慮のまま書き殴られた文章を忍耐強く精読し、日本語の精度を高めていただいた校閲者にも敬意を表したい。
この場を借りてお世話になったすべてのかたがたに厚くお礼申しあげます。

平成最後の年　一月吉日　杜の都にて

野村啓介

主要参考文献

長塚隆二『ナポレオン』読売新聞社、1986年
野村啓介『フランス第二帝制の構造』九州大学出版会、2002年
服部春彦・谷川稔編『フランス近代史』ミネルヴァ書房、1993年
藤本ひとみ『ナポレオンの恋人たち——愛される女の条件』角川書店、2004年
両角良彦『反ナポレオン考』朝日新聞社、1991年
山川出版社・世界歴史体系シリーズ『フランス史』全3巻、第3巻「フランス史3」1995年

インターネットの参考サイト

Chislehurst Society, "Louis Napoleon, The Prince Imperial", http://www.chislehurst-society.org.uk/Pages/About/People/NapoleonPrinceImperial.html（2018年6月24日閲覧）

Fileaux（Christian）, La mort du prince impérial, https://www.napoleon.org/histoire-des-2-empires/articles/la-mort-du-prince-imperial-2/（2018年6月24日閲覧）この論考をはじめ、Napoléon org.ではボナパルト家や第一・第二帝政に関する文献・史料の情報が多く載せられており、なかには英語で読める記事もある。また、関連する行事やニュースについても紹介され、各種の情報を収集するのに不可欠のサイトとなっている。

ナイジェル・ニコルソン『ナポレオン一八一二年』白須英子訳、中央公論社、1987年
ルノートル『ナポレオン秘話』大塚幸男訳、白水社、1991年

安達正勝『ナポレオンを創った女たち』集英社新書、2001年
飯田洋介『ビスマルク——ドイツ帝国を築いた政治外交術』中公新書、2015年
井上幸治『ナポレオン』岩波新書、1957年
井上幸治編『フランス史』山川出版社、1988年、新版
岩下哲典『江戸のナポレオン伝説——西洋英雄伝はどう読まれたか』中公新書、1999年
上垣豊『ナポレオン 英雄か独裁者か』山川出版社、世界史リブレット・人 62、2013年
江村洋『ハプスブルク家の女たち』講談社、1993年
大下尚一・西川正雄他編『西洋の歴史』ミネルヴァ書房、1998年、増補版
岡本明『ナポレオン体制への道』ミネルヴァ書房、1992年
鹿島茂『怪帝ナポレオンⅢ世』講談社、2004年
君塚直隆『ヴィクトリア女王——大英帝国の“戦う女王”』中公新書、2007年
窪田般彌『皇妃ウージェニー——第二帝政の栄光と没落』白水社、1991年
近藤和彦編『西洋世界の歴史』山川出版社、1999年
杉本淑彦『ナポレオン伝説とパリ』山川出版社、2002年
鈴木杜幾子『ナポレオン伝説の形成——フランス19世紀美術のもう一つの顔』筑摩書房、1994年
高村忠成『ナポレオン入門——Ⅰ世の栄光とⅢ世の挑戦』第三文明社、2008年
　同　『ナポレオン三世とフランス第二帝政』北樹出版、2004年
塚本哲也『マリー・ルイーゼ——ナポレオンの皇妃からパルマ公国女王へ』文藝春秋、2006年
中井義明他『教養のための西洋史入門』ミネルヴァ書房、2007年
中谷猛『近代フランスの思想と行動』法律文化社、1988年

Roy-Henry (Bruno), *Napoléon: l'énigme de l'exhumé de 1840*, Paris, 2000.

Séguin (Philippe), *Louis-Napoléon le Grand*, Paris, 1990.

Smith (William H.C.), *Napoléon III*, traduit de l'anglais, Paris, 1982.

Tudesq (A.-J.), *L'élection présidentielle de Louis-Napoléon: 10 décembre 1848*, Paris, 1965.

Tulard (Jean), *L'Anti-Napoléon: la légende noire de l'Empereur*, Paris, 1965.

Id., *Napoléon ou le mythe du sauveur*, Paris, 1987.

Id. (dir.), *Dictionnaire Napoléon*, Paris, 1988.

Id., *Napoléon II*, Paris, 1992.

Id. (dir.), *Dictionnaire du Second Empire*, Paris, 1995.

Id. (dir.), *Pourquoi réhabiliter le Second Empire*, Paris, 1998.

Vanoyeke (Violaine), *Les Bonaparte*, Paris, 1991.

Williams (Roger), *The Mortal Napoleon III*, Prinston University Press, 1971.

Winock (Michel), *La France politique XIXe-XXe siècle*, Paris, 1999.

以下には日本語で読めるもののうち、大いに参考になった書籍をあげておく。

ジェフリー・エリス『ナポレオン帝国』杉本淑彦、中山俊訳、岩波書店、2008年

アンリ・カルヴェ『ナポレオン』井上幸治訳、白水社、1966年

ティエリー・レンツ『ナポレオンの生涯——ヨーロッパをわが手に』福井憲彦監修、遠藤ゆかり訳、創元社、1999年

アラン・ドゥコー『フランス女性の歴史』全四巻、第四巻「目覚める女たち」山方達雄訳、大修館書店、1981年

同 『ナポレオンの母——レティツィアの生涯』小宮正弘訳、時事通信社、1988年

ベン・ワイダー、デイヴィッド・ハップグッド『ナポレオンは毒殺だった』吉田暁子訳、中央公論社、1983年

ギ・ブルトン著、曽村保信他訳『フランスの歴史をつくった女たち』中央公論社、全10巻、1993～95年

in 19th-Century France, Harvard University Press, 2004.
Lachnitt (Jean-Claude), *Le Prince impérial 《Napoléon IV》*, Paris, 1997.
Las Cases (Emmanuel de), *Le Mémorial de Sainte-Hélène*, Le manuscrit retrouvé, Texte établi, présenté et commenté par Thierry Lentz, Peter Hicks, François Houdecek et Chantal Prévot, Paris, 2017.
Lebey (André), *Les trois coups d'État de Louis-Napoléon Bonaparte*, Paris, 1906.
Lentz (Thierry), *Napoléon III*, Paris, 1995.
Id., *Napoléon*, Que sais-je ?, Paris, 2003.
Lentz (Thierry) et Jean Macé, *La mort de Napoléon: mythes, légendes et mystères*, Paris, 2009.
Louis-Napoléon Bonaparte (Napoléon III), *Œuvres de Napoléon III*, 4 vol., Paris, 1856.
Lucas-Dubreton (Jean), *Le culte de Napoléon 1815-1848*, Paris, 1960.
Martinet (André), *Le Prince Imprérial*, Paris, 1895.
Mayeur (Jean-Marie), *Les débuts de la IIIe République 1871-1898*, Paris, 1973.
Ménager (Bernard), *Les Napoléon du peuple*, Paris, 1988.
Milza (P.), *Napoléon III*, Paris, 2004.
Minc (A.), *Louis-Napoléon revisité*, Paris, 1997.
Napoléon (Charles), *Les Bonaparte: des esprits rebelles*, Paris, 2006.
Id., *Vers une nouvelle France*, Paris, 2007.
Ollivier (Émile), *L'Empire libéral, études, récits, souvenirs*, 5 vol., Paris, 1895-1900.
Petiteau (Nathalie), *Napoléon, de la mythologie à l'histoire*, Paris, 2004.
Plessis (Alain), *De la fête impériale au mur des Fédérés, 1852-1871*, Paris, 1973.
Rémond (René), *Les droites en France*, Paris, nouvelle édition, 1982.
Retif de La Bretonne (Grorges), *Anglais, rendez-nous Napoléon...Napoléon n'est pas anx Invalides*, Paris, 1969.
Rothney (John), *Bonapartism after Sedan*, Cornell University Press, 1969.

主要参考文献

Alexander (R. S.), *Bonapartism and Revolutionary Tradition in France : the Fédérés of 1815*, Cambridge University Press, 1991.
Anceau (Éric), *Napoléon III, un Saint-Simon à cheval*, Paris, 2008.
Blachier (Charles), *Le Prince impérial*, Paris, 9e édition, 1878.
Bluche (Frédéric), *Le bonapartisme : aux origines de la droite autoritaire (1800-1850)*, Paris, 1980.
Bonaparte (Charles), *Bonaparte et Paoli: aux origines de la question corse*, Paris, Ajaccio, 2000.
Bruyère-Ostells (Walter), *Napoléon III et le Second Empire*, Paris, 2004.
Id., *Napoléon par Napoléon*, Paris, 2009.
Dansette (Adrien), *Louis-Napoléon à la conquête du pouvoir*, Paris, 1961.
Id., *Du 2 décembre au 4 septembre*, Paris, 1972.
Id., *Naissance de la France moderne: le Second Empire*, Paris, 1976.
Dargent (Raphaël), *L'Impératrice Eugénie: l'obsession de l'honneur*, Paris, 2017.
Echard (William E.) (dir.), *Historical Dictionary of the French Second Empire 1852-1870*, Westport, Connecticut, 1987.
Filon (Augustin), *Le Prince impérial: souvenirs et documants (1856-1879)*, Paris, 1912.
Frerejean (Alain), *Napoléon IV: un destin brisé (1856-1879)*, Paris, 1997.
Girard (Louis), *Napoléon III*, Paris, 1986.
Goguel (François), *La politique des partis sous la IIIe République*, Paris, 4e éd., 1958.
Gueniffey (Patrice), *Bonaparte: 1769-1802*, Paris, 2013.
Hazareesingh (Sudhir), *The Saint-Napoleon: Celebrations of Sovereignty*

		1881 皇帝アレクサンドル二世暗殺（露） 1882 5月、独墺伊三国同盟の成立 9月、イギリスがエジプトを支配下に
	1887 10月、インドシナ総督府の設置（仏領インドシナ連邦成立） 1889 パリ万国博覧会 1894 ドレフュス事件（～1906）	
		1898 米西戦争
	1899 共和派の左翼ブロック成立（1902年総選挙にて大勝）	

	1863 カンボジア保護領化 1867 4月、パリ万国博覧会 6月、コーチシナ植民地化 1869 スエズ運河の開通 1870 7月、独仏（普仏）戦争（～71年5月） 9月、帝政崩壊。国防仮政府の成立	1863 ポーランド危機。薩英戦争 1866 普墺戦争 1868 明治維新
第三共和政	1871 1月、対独休戦協定 2月、ティエール行政長官就任 3月、パリ・コミュン 1873 1月、ナポレオン三世死去 5月、マク・マオン大統領就任 1875 第三共和国憲法の成立 1878 パリ万国博覧会 1879 1月、マク・マオン大統領退陣 6月、ルイ皇太子（ナポレオン四世）死去、ジュール・グレヴィ大統領就任	1871 ドイツ帝国成立 1877 英領インド帝国成立 1878 ベルリン会議

第二帝政	1852	12月、ナポレオン三世の皇帝即位、第二帝政の成立		
	1853	クリミア戦争（～56）。 ヌヴェル・カレドニー占領	1853	ペリーが浦賀に来航
			1854	日米・日英和親条約
	1855	パリ万国博覧会		
			1856	第二次アヘン戦争（アロー戦争）
	1858	オルシニ事件（ナポレオン三世暗殺未遂）	1858	安政の五か国条約（日米・日蘭・日露・日英・日仏の修好通商条約）
	1859	対墺戦争（イタリア解放戦争） ６月、ソルフェリーノ、マジャンタの勝利		
	1860	英仏通商条約。イギリスとともに北京占領		
			1861	イタリア王国成立 農奴解放令（露） アメリカ南北戦争～65）
	1862	イギリス、スペインとともにメキシコ出兵 ヴィクトル（ナポレオン親王）誕生〔ナポレオン五世〕		

	1824 シャルル十世即位	1825 デカブリストの乱（露）
七月王政	1830 七月革命、七月王政の成立 （ルイ＝フィリップ即位） 1832 ライヒシュタット公（ナポレオン二世）死去 1836 ルイ＝ナポレオンのストラスブール蜂起 1840 8月、ルイ＝ナポレオンのブローニュ蜂起 12月、ナポレオン遺骸のフランス帰還 1846 ルイ＝ナポレオン脱獄、英亡命	1830 9月、イギリス、マンチェスター―リヴァプール間で鉄道営業開始 1831 6月ベルギー独立 1834 ドイツ関税同盟成立 1836 テキサス独立戦争 1837 チャーティスト運動（英） 1840 第一次アヘン戦争 1846 アメリカ・メキシコ戦争
第二共和政	1848 2月、二月革命。第二共和政の成立 12月、ルイ＝ナポレオン大統領当選 1851 チャールズ・ジョゼフ（アメリカ系）誕生	1848 ドイツ、オーストリアの三月革命。 マルクス＝エンゲルスが『共産党宣言』を発表 1851 ロンドン万国博覧会

	1808 ルイ＝ナポレオン（ナポレオン三世）誕生	1808 イギリス船フェートン号が長崎に来航
		1810 このころからラテン・アメリカ諸国で独立運動が盛んになる
	1811 ローマ王（ナポレオン二世、ライヒシュタット公）誕生	
	1812 ナポレオンのロシア遠征	
	1813 ライプチヒの戦いでナポレオン軍敗北	
	1814 4月、ナポレオン退位、エルバ島配流。第一次復古王政（ルイ十八世即位）	1814 ウィーン会議（～15）
	1815 3月、ナポレオンの「サン・ジュール（百日）」 7月、第二次復古王政、ナポレオンがセント・ヘレナ島に配流。白色テロ	
復古王政		1815 ドイツ連邦成立（～66）
		1816 アルゼンチン独立
		1817 イギリス船が浦賀に来航
	1821 ナポレオン一世死去	1821 ギリシア独立戦争（1832年独立）
	1822 ナポレオン＝ジョゼフ（ナポレオン親王）誕生	
		1823 モンロー宣言（米）。シーボルト長崎に来航

関連年表

フランス革命	1789 7月、バスティーユ監獄襲撃。国民議会成立	
	1791 6月、ヴァレンヌ逃亡事件 12月、マリ＝ルイズ誕生	
	1792 8月10日事件、第一共和政の成立。恐怖政治	1792 ロシア使節ラクスマンが根室に来航
		1792 第一回対仏大同盟（～97）
	1793 ルイ十六世処刑	
	1794 テルミドール反動によりロベスピエール失脚	1793 第二次ポーランド分割
	1795 総裁政府成立	1795 第三次ポーランド分割
	1798 ナポレオン、エジプト遠征	
	1799 11月、ブリュメール十八日のクーデタ。統領政府成立	1798 第二回対仏大同盟（～1802）
ナポレオン体制	1803 アメリカにルイジアナ売却	
	1804 ナポレオン一世の皇帝即位	1804 ロシア使節レザノフが長崎に来航
	1805 7月、ジェロム・ナポレオン誕生（アメリカ系） 10月、トラファルガーの海戦 12月、アウステルリッツの戦い	
	1806 大陸封鎖令	1806 ライン連邦成立。神聖ローマ帝国滅亡

関連年表

	ボナパルト家とフランス国内の動向	国際関係
ブルボン王朝		1733 ポーランド継承戦争（〜38）
		1741 オーストリア継承戦争（〜48）
	1746 カルロ（シャルル＝マリ）誕生	
	1749 レティティア・ラモリーノ誕生	
		1756 七年戦争
	1768 ジョゼフ誕生。仏によるコルシカ併合	
	1769 ナポレオン誕生	
		1772 第一次ポーランド分割
	1774 ルイ十六世即位	
	1775 リュシアン誕生	1775 アメリカ独立戦争（〜83）
		1776 アメリカ独立宣言
	1777 エリザ誕生	
	1778 ルイ誕生	
	1780 ポリーヌ誕生	
	1782 カロリーヌ誕生	
	1783 オルタンス誕生	
	1784 ジェロム誕生	

野村啓介（のむら・けいすけ）

1965年，福岡県生まれ．90年，九州大学文学部史学科卒業．96年，ボルドー第3大学史学科第3期課程専門研究課程修了，DEA取得．97年，九州大学大学院文学研究科史学専攻博士後期課程単位取得退学．鹿児島大学法文学部助教授，東北大学大学院国際文化研究科助教授を経て，2007年より東北大学大学院国際文化研究科准教授．

著書『フランス第二帝制の構造』（九州大学出版会，2002年）
ほか

ナポレオン四代《よんだい》
中公新書 *2529*

2019年2月25日発行

著　者　野村啓介
発行者　松田陽三

本文印刷　暁印刷
カバー印刷　大熊整美堂
製　　本　小泉製本

発行所　中央公論新社
〒100-8152
東京都千代田区大手町1-7-1
電話　販売 03-5299-1730
　　　編集 03-5299-1830
URL http://www.chuko.co.jp/

Published by CHUOKORON-SHINSHA, INC.
Printed in Japan　ISBN978-4-12-102529-6 C1222